教養としての「所得税法」入門

INCOME TAX
Hirotsugu Kiyama

青山学院大学教授　木山泰嗣

日本実業出版社

はじめに

身近な税金でありながら、その仕組みや成り立ちについては、ほとんど知らない――。

そんな所得税のルールを定めた法の基本をマスターしていただくための1冊が本書です。

これまでも、それなりに所得税法について解説した一般書は存在したかもしれません。しかし、その手の一般書の多くは、税金一般について広く解説するなかの一部として所得税にも触れられているものが多かったように思います。

そして、そのような税金百科的な本は、往々にして税金の知識（その多くは計算式）を、大量に羅列するもので、一般の方が通読するに耐えるようなものではなかった印象があります。税理士の先生などが、税の現在の情報をぎっしりつめ込み、「税とはむずかしいものだから、素人にはわかりませんよ。だから税理士に相談してください」というかのような……。

私は、もともとは弁護士です。税務訴訟を担当する法律事務所で約15年どっぷりと税法を扱ってきたことから、現在は大学で税法を研究し、学生に教える立場になりました。弁護士として税法全般に精通しているわけではなかったころに、その手の本を何冊も購入しました。しかし、そんな私が通読できた本は、とても少なかったと記憶しています。

そのようななかで本書は、所得税法にしぼって、それなりの情報量をもってしっかり解説した本です。1年前に『教養としての「税法」入門』（日本実業出版社、2017年）を刊行したのですが、思いのほか書店でのランキング入りが続き、増刷を何度も重ねました。注釈が大量にあり、300頁を超える「税法」の一般書がここまで売れるとは予想されなかったようですが、実際には売れました。本書はその第2弾です。このシリーズは「知の冒険」が、目的です。未知の世界をワクワクしながら、散策してみてください。

所得税法は、日本の税法として最初に規定された法律で、130年以上前の明治時代に誕生したものです。その歴史は長く、その間に度重なる改正を経ています。税金には「計算」のイメージをもつ方が多いでしょう。しかし、税法は本来それだけで足りるものではありません。そこには条文で定められたルールがあります。また、個々の条文をみるだけではわからない、その法を通貫した法理論があります。法律で規定された税法は、裁判で争われると「法の解釈」がなされ、判例ができます。

所得税は、所得税法というルールに含まれる、①条文、②理論、③判例によって成り立っています。大学の授業では、法学部生にこれらを教えています。20歳前後の若い学生が、これらを授業やゼミで学んでいます（本書掲載の最新判例などを素材に、ゼミではディベートも実施します）。

本書を読まれる方には、社会人の方が多いのではないかと思います。社会人の方が「今の学生は」「今の若い人は」といってしまいがちな大学生は、こうした内容をじつはしっかりと学んでいます。

本書の最後に少し書きましたが、いっとき日本のビジネス書を中心とした一般書では、薄い内容を読みやすくわかりやすく解説し、それを読んで大人が満足するというブームがありました。**しかし、時代はそのようなレベルはもう求めていないでしょう。大学教員に転身し、若い学生と接する日々のなかで、そのことを実感しました。**

一般書でありながら、条文や判例を惜しみなく引用し、注釈に詳細な出典をつけたのもそのためです。本書は前著よりも、むずかしいところがあるかもしれません。特に日本の所得税法の本であるにもかかわらず、アメリカなど他国の税法に触れている箇所もあります。そのあたりは気にせず読み飛ばしていただいても構いません（あくまで参考として挙げたものだからです）。

大事なことは、時間をかけてもよいので、本文を通読していただくことです。本書は税金百科のような通読を前提にしない本と異なり、文章で1つひとつの条文や理論や判例を解きほぐしています。最初から最後まで読めば、日本の所得税法の姿がわかるように作りました。完ぺきに理解する必要はありませんが、さらっと速読するのではなく、ぜひじっくり味わい考えながら読んでいただければと思います。

判例については反対する立場を表明している部分もありますし、改正された税制に疑問を呈している箇所もあります。答えは1つではありません。しかし、感覚で「増税反対。減税万歳」というのでは、主権者としては物足りない気がしませんか。**18歳で選挙権が行使できる時代は、成熟した主権者を求めているのではないでしょうか。**

税制は毎年大きく改正されます。新聞ニュースの時事ネタとしても、本書で得た知識が使える場面があるかもしれません。そのときも本書をうのみにするのではなく、考えるための基礎情報として使ってください。

本書の制作にあたっては、日本実業出版社の編集部の方をはじめ、さまざまな方のお力添えをいただきました。農作物の収穫主義等については池本征男先生から課税実務に基づいたご助言をいただき、フランスの課税単位については原文の翻訳等で西中間浩弁護士にご協力いただきました。アメリカ合衆国憲法の成立過程については佐藤智晶先生から、連邦所得税については米国税理士の成田元男先生からご助言をいただきました。藤間大順さんにも、米国連邦税についての原稿を一部みていただきました。

ゲラ全般について、山田重則弁護士には詳細なチェックをしていただきました。青山学院大学のゼミ生を中心とした学生（院生・OBを含む）からも、初校ゲラについて種々のコメントをいただきました。順不同になりますが、寺田塁さん、西村洋佑さん、糸田孝一さん、池田丹緒さん、瀧沢万由花さん、武藤由布紀さん、小國莉央奈さん、木村智保さん、谷川碧さん、角柚花さん、望月爽介さん、山﨑愛佳さん、横島道子さんです。

ボリュームのある本書は、みなさまのお力添えがなければ完成できなかったと思います。ありがとうございました。そして、本書を手にとってくださり、興味をもって読んでくださった読者のみなさまにも心より御礼申し上げます。

２０１８年７月

青山学院大学法学部　教授
木山《きやま》　泰嗣《ひろつぐ》

INCOME
TAX LAW
目次

教養としての「所得税法」入門

第1章 どのようにして所得税は計算されるのか？
——所得税の全体像

第2章 所得税法の歴史をひも解く
——日本に誕生した所得税の移り変わり

第3章

所得とは何を指すのか？
――所得概念についての考え方

第4章 個人の所得か？ 家族の所得か？
——課税単位と人的帰属

第5章

事業所得か？ 一時所得か？ 雑所得か？
――10種類の所得区分とその仕組み

第6章 所得はどの年に課税されるのか？
――権利確定主義という考え方

カバーデザイン 小口翔平＋岩永香穂（tobufune）
本文デザイン・DTP 初見弘一（Tomorrow From Here）

凡例

本書は、以下の方針でまとめました。

●判決や条文などを引用した際に、原文の引用箇所を示すためにつけた「 」では、リーダビリティの観点から、必要に応じてルビ（ふりがな）や網掛け、傍点をつけました。

●引用した判決文のなかに登場する過去の判例の年月日及び出典は、専門書であれば省略すべきものではありませんが、一般の読者の方に向けた本であるため、特に意味があり残す必要があると考えたものを除き、「（略）」として省略しました。判決文の中に筆者が記した注書には〔 〕をつけました。

●本書の注釈に記載した、判決等の出典は、いずれも法律書で通常使われる略称を使いました（民集、刑集、行集、判タ、判時、訟月、税資等。また、裁判所ホームページ〔ウェブサイト〕は「裁判所HP」と表記しました）。

●条文や判決文を引用した場合の数字は、原文が漢数字である場合でも（条文の原文の数字はすべて漢数字です）、リーダビリティを重視し、原則として算用数字に変換しました。

●（ ）のなかに登場する（ ）は〔 〕と表記し、「 」のなかに登場する「 」は『 』と表記しました（リーダビリティのためですが、特に後者は法律論文の一般的な作成法に従いました）。

INCOME TAX LAW

序章

48億円の債務免除について源泉徴収しなければならないのか？

――最高裁平成27年判決

INCOME TAX LAW
1

所得税とは何か？

所得税は個人の所得に対する税金です。**所得税法**[*1]という法律に、そのルールの基本が規定されています。また、政策的な理由から所得税法という基本ルールの特例を時限立法として定める**租税特別措置法**[*2]もあり、本法（所得税法）の例外規定が定められています。

所得税の法源になる法律は、基本的にこの2つですが、租税特別措置法は時々の事情によって本法の原則を修正した政策立法であり、所得税の基本事項ではありません。そこで本書では、「所得税法」が定める所得税の基本ルールの解説に主眼をおきます。

所得税にも、他の法律と同じように、その規定を実施するための細則を定めた**所得税法施行令**（政令）、**所得税法施行規則**（財務省令）といった行政機関が制定した法規範があります（政令や省令は、国会が制定した法規範である「法律」ではなく「命令」になります）。所得税法の実務を理解するためには、こうした施行令や施行規則をみることも必要になります。

しかし、それらの命令は、所得税法という法律の規定をベースにするものです。憲法上は、授権をした所得税法の委任の範囲内でのみ効力を生ずるものに過ぎません。そのため、本書では「所得税法」の基本とその仕組みに重点をおきます。

他方で、法学（法律学）として所得税をとらえる場合、所得税法という法律の規定がどのような沿革で定められたのかといった立法経緯を理解することが必要になります。また、現実の所得税法がどのように適用されているかを知るためには、所得税法の適用をめぐり裁判所で争われた**判決（裁判例・判例）**をみることも必要です。

それらをすべて丁寧に説明すると、『注解所得税法』[*3]という所得税法の解釈を詳細にまとめた本と同じ分量（1353頁からなる大著で、所得税法のバイブルです）になってしまいます。本書は理解すべき対象を押さえながらも、教養として所得税法をとらえるために必要な基本事項にしぼって解説をするものです。

＊1　昭和40年法律第33号。

＊2　昭和32年法律第26号。租税特別措置法は所得税法だけでなく、さまざまな国税の「当分の間」における「特例」を定めた法律です（同法1条）。第2章に「所得税法の特例」が規定されています（同法3条～42条の3）。

＊3　注解所得税法研究会編『注解所得税法〔五訂版〕』（大蔵財務協会、2011年）。大蔵省（現財務省）に27年間勤務した後に裁判官や弁護士の職にもついた植松守雄が、1994年に刊行した著書。同氏が他界した後も注解所得税法研究会（「五訂版の序」は池本征男）により改訂され、所得税法の注解書として読み続けられています。

INCOME TAX LAW 2

所得とは何か？

所得については、何を所得ととらえるかをめぐる議論があります。日本の所得税法が考える「所得」とは、**新たな経済的価値の取得（流入）**です（詳細は第3章参照）。経済的価値の取得なので、金銭を得た場合に限らず、「時価1億円の土地を無償で得た」という場合も所得にあたります。1億円の代金を支払って1億円相当の土地を取得した場合は、1億円の対価を負担したうえで同価値の物（土地）を得たことになります。この場合は、プラス・マイナス・ゼロなので、新たな経済的価値の取得があったとはいえません。しかし、時価1億円の土地を無償で譲り受けた場合は、経済的価値（1億円）のある土地という物を、対価を負担することなく取得しています。そのため、所得にあたるのです。

■所得は売上ではなく利益

このように把握される「所得」は、端的にいえば「利益」です。儲けといってもよいでしょう。1年間で5000万円の売上（収入）があった個人事業主の得た所得は5000万円ではありません。この5000万円を得るために投下された資本部分については、**必要経費**として控除されるからです。従業員の給料やオフィスの賃料、仕入れにかかった支出などの「必要経費」が3000万円あったとなると、この個人事業主の1年に得た所得は2000万円になります。収入（5000万円）－経費（3000万円）によって計算される利益（2000万円）が「所得」になるのです。

■所得税と法人税

日本では、このような所得（利益）には、個人が得た場合は**所得税**が課されますが、株式会社や財団法人などの法人が得た場合は**法人税**が課されます。他方でアメリカの連邦所得税は、個人が得た場合か法人が得た場合かを問わず、所得税が課される仕組みになっています（内国歳入法典[*4]には、個人が得た所得税と法人が得た所得税の共通部分が定められ、異なる部分について別の章に定められるという規定ぶりになっています）。

詳しい歴史は第2章でも述べますが、日本の税法では、現在は個人が得た所得については所得税法が規定する「所得税」が課され、法人が得た所得については法人税法が規定する「法人税」が課されます。

＊4　Internal Revenue Code (IRC).

しかし、明治時代に所得税が創設された1887年（明治20年）当時は、法人に対する所得税は存在せず、個人に対する所得税のみが所得税法に規定されていました。資本主義が未発達の時代でしたので、産業の育成・保護の観点から「所得」を得ていても、法人には課税しないものとされたのです。

その後、1899年（明治32年）には、第一種所得税として法人が得た所得にも所得税が課されるようになり、法人が得た所得に対する課税がスタートします。

もっとも、法人税法が制定され、法人税という所得税とは異なる独立の税金が創設されたのは、1940年（昭和15年）になってからです。

INCOME TAX LAW 3

所得に対する課税

日本の現在の所得税は、**個人が得た所得（利益）**に対する税金です。また、所得税も法人税も国家（国）が課税権をもつ国税ですが、個人が得た所得についても、法人が得た所得についても、さらに地方団体（道府県・市町村）[*5]によって住民税（道府県民税・市町村民税）[*6]や事業税が課されます。個人には住民税が課され（地方税法24条1項1号、294条1項1号）、個人事業主の場合には所得に連動する事業税も課されます（同法72条の2第3項）。また、法人にも住民税が課され（同法24条1項3号、294条1項3号）、同様に事業税も課されます（同法72条の2第1項）。

たくさん稼いだプロ野球選手が高級車や高級時計を購入して散財した結果[*7]、翌年の住民税を

＊5　地方税法1条1項1号。ただし、東京都及び特別区（23区）も含まれます（同法1条2項）。
＊6　東京都の場合は都民税、特別区の場合は特別区民税になります（地方税法1条2項）。
＊7　プロ野球選手は原則として、事業所得者と解されています。

納税できなくなったという逸話が語られることがありますよね。

■所得税と住民税の成立時期にはズレがある

所得税がその年の1月1日から12月31日までに得た所得について、翌年2月16日から3月15日までの間に行う確定申告によって確定された所得税額を納付することになるのに対し、地方税である住民税は前年分の所得に応じて1月1日に成立します。

そして、市町村が納付すべき住民税額を4月1日に給与の支払者を特別徴収義務者と指定し、特別徴収義務者と納税義務者（従業員等の給与所得者）に通知することで住民税額が決定されます。通知後の6月から翌年の5月までに1年分の住民税を12か月で分割したものを給与の支払の都度、分割して支払者（特別徴収義務者）が徴収して納める仕組みです。ただし、これは給与の**特別徴収**です。

住民税は、6月、8月、10月、翌1月の4回分に分けて納付するのが、本来の徴収方法です（**普通徴収**）。

このように、両者（国税としての所得税・地方税としての住民税）にはタイムラグがあります。その結果、前年に稼いだ高額な所得に対する住民税の納税資金を残すことを考えないまま、散財してしまうということが起こり得るのです。

INCOME TAX LAW 4

給与所得者に対する税金を徴収する仕組み

このようにみると、サラリーマンや公務員などの給与所得者の方のなかには、「所得税も住民税も給料をもらう際に天引き徴収されているのではないか？」との疑問が起きた方がいるかもしれません。この天引き徴収については、2つの仕組みが介在しています。

■2つの天引き徴収制度

1つは所得税（所得に対する国税）についての**源泉徴収制度**です。これは会社などに勤めている給与所得者に対する給与等の支払の際に、所定の税額（源泉所得税額）を支払者である会社などが徴収して翌月10日までに所轄の税務署に納めなければならないという仕組みです。この源泉徴収制度については、こうした給与等の支払については明瞭でよいのですが、そうでない経済的利益についても適用される事例があり、裁判で争われたため裁判所もむずかしい判断を迫られるケースが出ています（この点は、本章の7でお話しします）。

もう1つの住民税（所得に対する地方税）については、**特別徴収制度**があります。前述したように、給与等の支払をする者が、前年度の所得額に応じて算定された住民税を翌年の6月から次の年の5月までに12等分に分けて、給与の支払の際に特別に徴収して地方団体に納付しなければならない、という仕組みです。

この2つの仕組み（源泉徴収制度と特別徴収制度）によって、給与所得者は勤務先からもらう給料について自ら確定申告をして所得税の額を計算して自ら納税する必要がなく、住民税についても自ら地方団体に納税する必要がない状況が作られています。しかし、これは、あくまで税徴収を確実にする観点から給与所得者について採られている例外的な仕組みです。[*8]

申告納税制度とは？

給与所得者は日本に現在5700万人以上いるといわれています。[*9] 日本の総人口が約1億2600万人ですから、[*10] 例外といっても多数派を占める者に対する課税方式になっているのは事実です。しかし、所得税については原則として**申告納税制度**が採用されています。

申告納税制度とは、自分の税金は自分で計算するというものです。正確にいえば、納税義務を税務署ではなく、納税者自身の申告行為によって確定させることを原則とする仕組みのことです（国税通則法16条1項1号）。

具体的にみると、前年の1月1日から12月31日までに得た所得を、翌年の2月16日から3月15日までに所轄の税務署に申告して納付すべき所得税を納めます。法律が定める申告期限（**法**

定申告期限）も、法律が定める納付すべき期限（**法定納期限**）も、所得税の場合はいずれも3月15日です（同日が土日の場合は月曜日になります）。

仕組みとしての源泉徴収制度と年末調整制度

このように、申告納税制度が原則です。しかし、給与所得者については源泉徴収制度が採用されており（所得税法183条1項）、かつ、**年末調整制度**も併用されているため（同法190条）、給与所得者は煩わしい所得税の申告や納付手続から解放されているのです。年末調整とは、1年を通じて勤務先が支払う際に徴収した所得税の合計額を計算し、これに各種の控除（基礎控除や配偶者控除、扶養控除、生命保険料控除等。これらの所得控除の詳細は第7章を参照）をした後の納付すべき所得税の額に過不足が生じた場合でも、勤務先がこれを調整

＊8　所定の支払の際に支払者が源泉所得税を徴収して翌月10日までに税務署に納付すべき源泉徴収義務は、給与等の支払だけでなく、弁護士やプロ野球選手、ホステス等に報酬を支払う場合や出版社が執筆者に原稿料を支払う場合にも生じますし（所得税法204条1項）、利子・配当の支払（同法181条1項）等の場合にも生じます。しかし、後述する年末調整があるのは給与等の支払をする場合に限られています。

＊9　平成28年（2016年）12月31日現在の給与所得者数は、5744万人です（国税庁企画課「平成28年分民間給与実態統計調査結果について」平成29年［2017年］9月）。

＊10　平成30年（2018年）1月1日現在の確定値で、日本の総人口は1億2659万2000人です（総務省統計局）。

してくれる仕組みです。調整してくれるといいましたが、勤務先である会社などの法人からすると、源泉徴収も年末調整もしなければならない義務になります（詳細は第1章参照）。

■源泉徴収制度の効果

このような給与所得者に対する源泉徴収制度と年末調整の仕組みが日本に導入されたのは、1947年（昭和22年）からです。この特殊な仕組みのおかげで、国家として税収の確実な徴収が可能になっています。日本では、国家の租税収入（58兆9562億5700万円）のうち、源泉所得税の額は14兆4859億6400万円であり、その割合は24・6％に及びます。[*11] この数字をみれば、源泉徴収制度の重要性は一目瞭然でしょう。

ちなみに、申告所得税は3兆1251億0100万円（5・3％）です。他の主要な国税をみてみると、消費税は17兆2281億7200万円（29・2％）、法人税は10兆3289億円（17・5％）、相続税は2兆1313億9400万円（3・6％）となっています。[*12] これらをみても、源泉徴収制度が果たしている財源としての重要性がわかると思います。

源泉徴収制度が導入されている国としてはアメリカ、イギリス、ドイツなどがあり、[*13] フランスでも2019年度から導入予定といわれています。このように、確かに諸外国をみても、源泉徴収制度を導入している国はあります。

しかし、年末調整まで整っている国は世界でも珍しいです。たとえば、アメリカでは源泉徴収制度はありますが、年末調整の仕組みはありません。基本的にすべての人が毎年の所得税を自分で確定申告します。日本と異なり、納税者自身の申告により税額を確定させ、自ら税金を納付する仕組みが採られています。

＊11　国税庁「国税庁レポート２０１８」66頁（いずれも平成28年度〔２０１６年度〕決算額）。
＊12　国税庁・前掲注11・66頁（同）。
＊13　財務省「主要国の給与に係る源泉徴収制度の概要」参照。

INCOME TAX LAW 5

源泉徴収義務とは？

日本にこうした源泉徴収制度と年末調整の仕組みが定着していることは、国家の税収確保という観点からは優れているといえます。他方で、この制度の仕組みの担い手として徴収納付が義務づけられている会社など（給与等の支払者）にとっては、本来、給与等の支払を受ける者（受給者）が納めるべき所得税を代わりに納めている側面があります。

法律論としては、こうした源泉徴収義務者の立ち位置について、①国の機関代行とする見解（国の機関代行説）、②受給者（本来の納税義務者）の代理人であるとする見解（代理人的地位説）、③公法上の義務であるとする見解（公義務説）などの説があるのですが、[*14]いずれにしてもこうした他人の税金を代わりに徴収して納付する義務（**源泉徴収義務**）を、法律（国税通則法）は、支払者自身の「**納税義務**」と名づけています。また、最高裁も支払者が納めるべき源泉所得税と、本来の納税義務者である受給者が納めるべき申告所得税は、別個の法的性質をもつものであると位置づけています（最高裁平成４年２月18日第三小法廷判決[*15]）。

こうした源泉徴収義務については、受給者としては支払者に支払段階で所定額を徴収されることを我慢する「**受忍義務**」を負うことになり、支払者としては支払の際に所定額を徴収して翌月10日までに所轄税務署に納付すべき義務を負うことになる仕組みであると説明されることもあります。[*16] 前者は受給者の「**消極的な義務**」であり、後者は支払者の「**積極的な義務**」であるということもできます。

■源泉徴収義務を怠ったときのペナルティ

このような積極的な義務である源泉徴収義務は、これを怠れば（翌月10日までに納付しなければ）、**延滞税**が課されますし（国税通則法60条1項5号）、納付を怠った源泉所得税の10％を原則とする**不納付加算税**も賦課されます（同法67条1項）。不納付加算税とは、法定納期限までに納付をしなかった者に対する行政制裁（ペナルティ）としての税金です。税務調査で発覚すると、納税告知処分という徴収処分を所轄税務署長から下されることになるのですが（同法36条1項2号）、同時に不納付加算税の賦課決定処分もされるのが通常です。納税告知処分は徴収をスタートすることを税務署が表明する行政処分で、不服がある支払者はこの取消しを求

＊14　松沢智『新版　租税実体法〔補正第2版〕』（中央経済社、２００３年）３７９～３８４頁。
＊15　最高裁平成4年2月18日第三小法廷判決・民集46巻2号77頁。
＊16　志場喜徳郎＝荒井勇ほか編『国税通則法精解〔15版〕』（大蔵財務協会、２０１６年）２５５頁。

めて不服申立てを行い、それでも認められない場合には国を被告として取消訴訟（行政訴訟）を提起することができます。しかし、こうした国を被告とした税務訴訟の認容率（納税者の勝訴率）は数パーセントしかなく、勝訴のハードルは高いです。[*17]

また、「故意」があることが要件になりますが、この**源泉徴収義務を怠った支払者には刑事罰も規定されています**（所得税法２３９条１項、２４０条１項）。そのため、免れた源泉所得税の額も大きく悪質であると判断されると、先ほど述べた納税告知処分などの行政処分が下されるだけでなく、これとは別に法人や代表者が検察官から起訴されることもあります。この場合、罪を犯したと疑われて公判請求をされた被告人に対する刑事裁判（刑事訴訟）が始まります。[*18]

INCOME TAX LAW 6

源泉徴収制度の合憲性

このように、本来の納税義務者ではないはずの支払者が源泉徴収義務という重い負担を負わされることについて、特段のメリットもなく、義務（怠った場合の行政制裁や刑事罰のリスク）を課される仕組みは「憲法に違反するのではないか」との指摘もありました。しかし、最高裁は次のように判示し、違憲ではない（合憲である）と判断しています（最高裁昭和37年2月28日大法廷判決[*19]）。

＊17　国税庁「平成29年度における訴訟の概要」（平成30年6月）によれば、納税者の勝訴率（国税の敗訴率）は、平成29年度（２０１７年度）は10・0％、平成28年度（２０１６年度）は4・5％、平成27年度（２０１５年度）は8・4％、です。なお、ここにいう年度とは、４月１日から翌年の3月31日を指します。

＊18　源泉徴収義務を怠っていた者が起訴された事例は実際にあります。源泉徴収制度の合憲性が争われた最高裁昭和37年2月28日大法廷判決・刑集16巻2号２１２頁も刑事事件です。最近では、大阪高裁平成27年11月20日判決・公刊物未登載等があります。

＊19　最高裁昭和37年2月28日大法廷判決・前掲注18。

「……源泉徴収制度は、給与所得者に対する所得税の徴収方法として能率的であり、合理的であつて、公共の福祉の要請にこたえるものといわなければならない。……かように源泉徴収義務者の徴税義務は憲法の条項に由来し、公共の福祉によつて要請されるものであるから、この制度は所論のように憲法29条1項に反するものではなく、また、この制度のために、徴税義務者において、所論のような負担を負うものであるとしても、右負担は同条3項にいう公共のために私有財産を用いる場合には該当せず、同条項の補償を要するものでもない。

……次に論旨は、源泉徴収義務者が一般国民に比して不平等な取扱を受けることを論難する。しかし法は、給与の支払をなす者が給与を受ける者と特に密接な関係にあつて、徴税上特別の便宜を有し、能率を挙げ得る点を考慮して、これを徴税義務者としているのである。この義務が、憲法の条項に由来し、公共の福祉の要請にかのうものであることは、すでに論旨第一について上述したとおりである。かような合理的理由がある以上これに基いて担税者と特別な関係を有する徴税義務者に一般国民と異る特別の義務を負担させたからとて、これをもつて憲法14条に違反するものということはできない。」

最初の段落は財産権（憲法29条）を侵害し違憲ではないかという主張に対する判示で、次の段落は**法の下の平等**（**平等原則**。憲法14条1項）に違反し違憲ではないかという主張に対する判示でした。ここで注目すべき点は、後者の主張について、支払者は受給者との間に「特に密接な関係」があるから一般国民とは異なる特別な負担（源泉徴収義務）を課しても、「法の下の平等」（憲法14条1項）には違反しないとされたことです。

たとえば、会社と給与の支払を受ける従業員や役員との間には「特に密接な関係」があるといえます。また、退職をした従業員や役員に退職金を支払う会社はこうした退職手当等の支払についても源泉徴収義務を負いますが（所得税法199条）、やはり両者には「特に密接な関係」があるといえます。

会社と従業員や役員との間には継続的に労務ないし役務の提供を受け、これに対する対価としての給与・報酬を支払うという緊密な関係が構築されており、これは退職の際に支払われる退職金の場合にも妥当するからです。

逆にいうと、こうした「特に密接な関係」がない支払者に源泉徴収義務を負わせることはできない（憲法上許されない）といえます。現に、破産した会社の管理処分権をもつことになる破産管財人（通常、弁護士がなります）が破産した会社の元従業員に対する退職金を配当によって支払った事例で、この場合には「特に密接な関係」がないため、源泉徴収義務は生じないとの判断を下した最高裁判決があります（最高裁平成23年1月14日第二小法廷判決[*20]）。

＊20　最高裁平成23年1月14日第二小法廷判決・民集65巻1号1頁。

INCOME TAX LAW 7

「債務免除益事件」とは？

このような源泉徴収義務について、近時の裁判に表われた事例をみると、制度の限界を物語るようなものがあります。その1つが序章のタイトルにも入れた債務免除益についての源泉徴収義務が争われた事例です（最高裁平成27年10月8日第一小法廷判決[*21]）。

■所得税基本通達における債務免除に関する規定

青果荷受組合（法律上は権利能力のない社団といって[*22]、法人格はないものの団体としての性質が認められるものでした[*23]。以下「X」といいます）がXの理事長に対して、数十年にわたり貸し付けていた多額の貸付金があったのですが、返済を受けることが困難な状況にあったため、債務免除をしました[*24]。債務免除とは、債権者が債務者に対して一方的な意思表示でその債務を免除するもので（民法519条）、債権者の側からみると債権を放棄したことになるため「債権放棄」と呼ばれるものと同じです。その免除した債務額は48億円を超えていたのですが、当時国税庁長官が発遣していた所得税基本通達36－17（旧通達）という課税実務のルール（法律ではありません）に債務者が資力を喪失しており弁済をすることが著しく困難であると認められる場合に行われた債務免除については、所得税を課税しないとの規定がありました。[*25] そこでは

＊21　最高裁平成27年10月8日第一小法廷判決・集民251号1頁。

＊22　「Xは、青果物その他の農産物及びその加工品の買付けを主たる事業とする権利能力のない社団である。」と認定され、その理事長Aについては「昭和56年頃、Xの専務理事に就任し、平成6年3月17日から同22年6月17日までの間、Xの理事長の地位にあった。」と認定されています。

＊23　「人格のない社団等」は、法人ではありませんが、税法上は法人とみなされます（所得税法4条、法人税法3条）。人格のない社団等とは、「法人でない社団又は財団で代表者又は管理人の定めがあるもの」と定義されており（所得税法2条1項8号、法人税法2条8号）、判例では民法上の権利能力のない社団であると解されています（福岡高裁平成11年4月27日判決・訟月46巻12号4319頁）。権利能力のない社団とは、「団体としての組織をそなえ、そこには多数決の原則が行なわれ、構成員の変更にもかかわらず団体そのものが存続し、……その組織によつて代表の方法、総会の運営、財産の管理その他団体としての主要な点が確定しているもの」のことです（最高裁昭和39年10月15日第一小法廷判決・民集18巻8号1671頁）。

＊24　「Xは、平成19年12月9日の理事会において、A（理事長のこと）からのXに対する借入金債務の免除の申入れについて、A及び上記借入金債務を連帯保証していた同人の元妻が所有し又は共有する不動産を買い取り、その代金債務と上記借入金債務とを対当額で相殺し、相殺後の上記借入金債務を免除することを決議した。……AのXに対する借入金債務の額は、平成19年12月10日当時、55億6323万0934円であったところ、Xは、A及び同人の元妻から、その所有し又は共有する不動産を総額7億2640万9699円で買取り、その代金債務と上記借入金債務とを対当額で相殺するとともに、Aに対し、上記相殺後の上記借入金債務48億3682万1235円を免除した」と認定されています。

債務免除をしたXは、源泉徴収をしませんでした。

債務免除は「給与等の支払」に該当する？

ところが、所轄の税務署は税務調査をした結果、この債務免除は「給与等の支払」にあたるとして、源泉徴収義務があると認定しました。そして、債務免除額48億円という「給与等の支払」についての源泉所得税（18億円）を翌月10日までに納付していなかったとして、18億円の源泉所得税の徴収を開始するとの納税告知処分と、この10％に相当する1億8０００万円の不納付加算税の賦課決定処分が、Xに対してなされました。

これに対し、Xは「旧通達の規定が適用されるので、非課税になる。よって、源泉徴収義務も生じない」と主張して不服申立てを行いました。しかし請求が棄却されたため、Xは裁判所に取消訴訟を提起しました。

第1審は、旧通達の適用があるとして、Xの請求を全部認容する判決（納税告知処分及び不納付加算税賦課決定処分の全部を取り消す判決）を言い渡しました。[*26] これに対し、国が控訴をしました。控訴審では「債務免除は返済が困難であるためなされたもので、理事長の役務の対価としてなされたものではないから、そもそも給与等にあたらない」として、控訴が棄却されました。[*27] 納得がいかない国は、さらに上告をします。すると上告審（最高裁）は、原判決を破棄します。「給与」にあたると判断した上告審は、詳細な事実認定は高裁に差し戻してやり直させる判決を下します。
詳細な事実認定がやり直された結果、債務免除当時の理事長の資産と負債の額が、差戻審で新たに認定されます。結果は、資産は17億円、負債は52億円。そこで、負債52億円に含まれる債務免除額48億円のうち13億円については返済が可能であった、という判断がなされました。[*28]
こうして、差戻審では「18億円の納税告知処分のうち4億8000万円を超える部分は違法である」、別の側面からいうと4億8000万円まで適法であるとの一部認容判決（一部取消判決）に変更されました。また、これに対応する不納付加算税（4800万円）についても適法とされました。[*29] この判決について、Xはさらに上告をしています。

＊25 「債務免除益のうち、債務者が資力を喪失して債務を弁済することが著しく困難であると認められる場合に受けたものについては、各種所得の金額の計算上収入金額又は総収入金額に算入しないものとする。」という規定がありました。平成26年度税制改正で、所得税法44条の2が創設されたことで、この旧通達は削除されました。
＊26 岡山地裁平成25年3月27日判決・税資263号順号12184。
＊27 広島高裁岡山支部平成26年1月30日判決・税資264順号12402。
＊28 広島高裁平成29年2月8日判決・公刊物未登載。
＊29 正確には、納税告知処分については源泉所得税18億3550万6244円のうち4億8573万4304円を超える部分が取り消され、不納付加算税賦課決定処分については不納付加算税1億8355万円のうち4857万3000円を超える部分が取り消されました。また、債務免除当時の理事長の資産は17億2519万9510円、負債は52億7722万9692円であり、債務免除額（48億3682万1235円）のうち、12億8479万1053円は「経済的な利益」（所得税法36条1項）にあたると判断されました。所得税法36条1項については、第6章で解説をします。

INCOME TAX LAW 8

源泉徴収制度に含まれる問題点

源泉徴収義務という国の税徴収にとって便利な制度が、こうした債務免除という金銭の支給そのものではない「経済的利益の移転」についても適用されています。そのため、源泉徴収義務の有無やその税額を判断するのに困難を伴う事態が生じています。

■源泉徴収義務が生じるための要件

源泉徴収義務が生じるための法律上の要件（課税要件）は、「給与等……の支払」です（所得税法183条1項）。第5章で解説しますが、給与等とは、10種類ある所得のうち給与所得に該当するものを指します。会社などが従業員に支払う給与や賞与はもちろん、役員に対して支払う報酬や賞与などもこれにあたります。それだけでなく、所得がそもそも金銭の受領に限定されず経済的な利益を得る（新たな経済的価値を取得する）こととされているため、この「支払」という概念も、課税実務では「現実の金銭を交付する行為のほか、元本に繰り入れ又は預金口座に振り替えるなどその支払の債務が消滅する一切の行為が含まれる」と解釈されています（所得税基本通達181～223共－1）。また、判例も金銭の支給に限らず債務免除などの経済的な利益の移転がある場合に、広く「支払」を認める傾向にあります。

そのため、理事長に対する48億円の貸付金を免除したXも「給与等の支払」をしたと認定される可能性が法律上はありました。最高裁のように、この債務免除益は「長年の理事長のXに対する貢献を評価したものである」といった認定をすると[30]、給与所得に該当する支払を行ったこととなります。そうすると、債務を免除しただけであるにもかかわらず、その免除をした翌月10日までに源泉所得税額を所轄の税務署に納付しなければならないことになるのです。

Xとしては、48億円の債権が債務免除によって法律上消滅することだけでも損失が生じています（要件は別になりますが、客観的にみて全額回収不能といえれば貸倒損失として処理、つ

＊30 最高裁は「A（理事長）は、Xから長年にわたり多額の金員を繰り返し借り入れ、これを有価証券の取引に充てるなどしていたところ、XがAに対してこのように多額の金員の貸付けを繰り返し行ったのは、同人がXの理事長及び専務理事の地位にある者としてその職務を行っていたことによるものとみるのが相当であり、XがAの申入れを受けて本件債務免除に応ずるに当たっては、Xに対するAの理事長及び専務理事としての貢献についての評価が考慮されたことがうかがわれる。これらの事情に鑑みると、本件債務免除益は、Aが自己の計算又は危険において独立して行った業務等により生じたものではなく、同人がXに対し雇用契約に類する原因に基づき提供した役務の対価として、Xから功労への報償等の観点をも考慮して臨時的に付与された給付とみるのが相当である。」と認定しました（最高裁平成27年10月8日第一小法廷判決・前掲注21）。

まり経費として控除することはできます）。それなのに、さらに旧通達36－17の適用により課税されない部分（資力を喪失して著しく弁済をすることが困難な部分）を除いた額については源泉所得税を自らの資金（キャッシュ）から捻出して税務署に納めなければならない、ということです。差戻審である広島高裁平成29年判決によれば、48億円を債務免除した日の翌月10日までに、Xは自ら4億8０００万円を用意して所轄の税務署に納付しなければならなかったことになります。そして、これを怠れば、不納付加算税（４８００万円）も別に納付しなければならない、ということです。この結論は、妥当でしょうか。

■債務を免除した者に源泉徴収義務を課すのは理不尽？

随分と理不尽な課税ではないか、と思われたかもしれません。そのように感じられた理由は、どこにあるのでしょうか。債務免除をした場合でも、たとえば、会社が従業員に１００万円の賞与を支払う義務を負っていたところ、従業員がその債務を免除したという場合でも、会社はこの１００万円について源泉徴収義務が生じると解されています（所得税基本通達１８１～２２３共－２）[*31]。また、会社が役員に時価８０００万円の土地を無償で譲渡（贈与）した場合、現物で役員報酬を支払ったことになりますので、これも「給与等……の支払」として源泉徴収義務が生じることになります。

このように考えると、１円も支払っていないのに源泉徴収義務を負うことになるのはおかしい、とは必ずしもいえないことになります。**48億円の債務免除で問題になるのは、債務免除をした時点で、いったい、いくらの源泉所得税が発生するのか判断することが困難だったのではないか、という問題です**（もっといえば、全額が資力喪失であったとされれば、差戻し前の控訴審や第1審のように源泉徴収義務は発生しなかったのですから、そもそも源泉徴収義務が発生するのか、しないのかを判断すること自体が困難でしょう）。その時点の理事長の資産と負債を正確に把握することは、むずかしいからです。

別の観点もあります。支払の際に天引きすることができなかった源泉所得税を源泉徴収義務者が税務署に後に納付した場合、次の支払の際に同額を控除するか、あるいは直接後に納付した源泉所得税相当額の支払を受給者に求めること（**求償権の行使**）ができます（所得税法222条）。しかし、次の支払がない場合には支払からの控除はできません。また、支払額（月額の役員報酬額）よりも控除すべき源泉所得税相当額が多い場合には、1回の支払では足りません。支払の際の控除ができないときのために求償権もあります。しかし、受給者（この場合

＊31 「給与等その他の源泉徴収の対象となるものの支払者が、当該源泉徴収の対象となるもので未払のものにつきその支払債務の免除を受けた場合には、当該債務の免除を受けた時においてその支払があったものとして源泉徴収を行うものとする。ただし、当該債務の免除が当該支払者の債務超過の状態が相当期間継続しその支払をすることができないと認められる場合に行われたものであるときは、この限りでない。」と規定されています。

は免除を受けた債務者である理事長）が資力を喪失している場合には、「絵に描いた餅」になってしまう可能性があります。法律上は行使が可能な債権であっても、支払能力のない者から債権回収をすることは現実的には困難だからです。

このような問題に加えて、不納付加算税については、源泉徴収義務者が源泉徴収を怠った（法定納期限までに納付をしなかった）ことに対する行政制裁（ペナルティ）であると解されているため、[*32] 支払の際の控除も求償権の行使もできません。つまり、不納付加算税（この事例では1億8000万円の賦課決定処分がされ、差戻審で4800万円までが適法と判断された額）は源泉徴収義務者の自腹となります。[*33] しかし、**このように判断が困難な事例で自腹とさせることに、どれだけの意味（ペナルティとしての制裁をかける必要性）があるのでしょうか。**

法律論としては「正当な理由」がある場合には、不納付加算税は賦課されないとされています（国税通則法67条1項ただし書）。課税実務においても、「給与所得者の扶養控除等申告書、給与所得者の配偶者控除等申告書又は給与所得者の保険料控除申告書等に基づいてした控除が過大であった等の場合において、これらの申告書に基づき控除したことにつき源泉徴収義務者の責めに帰すべき事由があると認められないとき」などの場合には「正当な理由」が認められます。[*34]

しかし、この債務免除益事件では、不納付加算税の賦課決定処分が違法であるとの判断はなされていません。私が思うに、少なくとも「正当な理由」が認められ、不納付加算税の賦課決定は違法と判断されるべきでした。加算税は前述のように行政制裁（ペナルティ）であり、債務免除をした時点で発生するかしないか、また仮に発生するとしていくらの税額になるかを判断できない源泉所得税について、その翌月10日までに納付しなかったとしても制裁を問うべきとは思えないからです。

さて、冒頭から少しこみいったお話をしました。教養としての「所得税法の基本」を概説する本書です。にもかかわらず、日本の所得税の徴収（国の税収）確保に長年にわたり貢献してきた源泉徴収制度に存在する限界（問題点）が浮き彫りにされた、新しい判例を最初に示しま

＊32　大阪地裁平成20年3月14日判決・判タ1276号109頁が、「不納付加算税は、源泉所得税の不納付による納税義務違反の事実があれば、原則としてその違反者に対して課されるものであり、これによって、当初から適正に徴収及び納付をした納税者との間の客観的不公平の実質的な是正を図るとともに、源泉所得税の不納付による納税義務違反の発生を防止し、適正な徴収納付の実現を図り、もって納税の実を挙げようとする行政上の措置である。」と判示しています。

＊33　最高裁昭和45年12月24日第一小法廷判決・民集24巻13号2243頁。同判決は「源泉徴収による所得税の納税者は、支払者であつて受給者ではないから、法定の納期限にこれを国に納付する義務を負い、それを怠つた場合に生ずる附帯税を負担すべき者は、納税者（徴収義務者）たる支払者自身であつて、右の附帯税相当額を旧所得税法43条2項（新法222条）に基づいて受給者に請求しうべきいわれはない。」と判示しています。

＊34　国税庁長官「源泉所得税及び復興特別所得税の不納付加算税の取扱いについて（事務運営指針）」第1・1（2）。

した。[*35]「所得税法」という所得税を課して徴収するための仕組みを定めた「法律」のイメージ喚起のため、最初にみるには少し複雑とも思えるこの事例を、あえて序章で紹介しました。

こうした意図で、冒頭に紹介したものです。この話は一旦忘れてしまって構いません。むずかしくて理解しきれなかった、という方も大丈夫です。これから所得税法の基本を解説していきますので、ご安心ください。

まず、所得税とはどのようなものなのか、その全体像をみます（第1章）。次に、日本の所得税が世界史的にみて、どのような経緯で誕生して今に至るのかをお話しします（第2章）。これを踏まえて、所得税法を理解するために重要な各ポイントを章ごとに解説していきます（第3章〜第7章）。

最後まで読み、所得税法の世界に慣れたら、またこの序章に戻ってみてください。今度はまた別の感覚で、今ある所得税法の問題をリアルに感じとってもらえると思います。

さあ、それでは「教養としての所得税法」の世界に、足を踏み入れてみましょう。

＊35　この判決の問題点などを指摘した判例評釈に、木山泰嗣「債務免除益事件の差戻審判決に含まれる諸問題─広島高裁平成29年2月8日判決─」青山法学論集59巻3号（2017年）91頁があります。PDFデータをインターネットで読むことができるので、ご興味のある方はご覧ください。

INCOME TAX LAW

第1章

どのようにして所得税は計算されるのか？

——所得税の全体像

INCOME TAX LAW 1

所得税総論

所得税は、個人が得た所得に対する税金です。序章でも少し触れましたが、アメリカでは所得税（income tax）は、**個人所得税**（individual income tax）と**法人所得税**（corporate income tax）の双方を包摂する概念です。[*1] 日本では1899年（明治32年）から所得税法[*2]により課税されていた第一種所得税（法人に対する所得税）が、1940年（昭和15年）に法人税法[*3]が制定されて独立の法人税となり、現在に至っています。

つまり、法人が得た所得については、法人税法が規定する法人税が課されるのに対し、個人が得た所得については所得税法が規定する所得税が課される仕組みになっています。**本書が対象にするのは「所得税法」ですから、個人が得た所得に対する国税である所得税ということになります。**

法人税も、所得に対する課税である点では共通しています。所得税法を学ぶことで理解することができるものに、「所得」の概念や、「所得」の実現（権利確定主義）があるのですが、法人税法を学ぶときにも登場します。なお、ドイツでは日本と同じように、所得税と法人税は別の税金として課されています。

■日本の所得税には１３０年の歴史がある

世界史的にみると、**所得税が誕生したのは１７９９年のイギリスに遡ります。日本に所得税が誕生したのは、それから約90年後の１８８７年（明治20年）です**[*4]。所得税の歴史の詳細は次章でお話ししますが、日本の所得税には１３０年の歴史があります。

日本の所得税法は、プロイセンの「階級税及び階層別所得税」の影響を受けて創設されました。国会開設に向けた選挙制度を整えるために、特権的な意味合いもある税金としてスタート

＊１　アメリカの内国歳入法典（Internal Revenue Code. IRC）は、所得税（Income Taxes）（1条〜１５６４条）、遺産税及び贈与税（Estate and Gift Taxes）（２００1条〜２８０1条）、雇用関係税（Employment Taxes）（３１０1条〜３５１２条）、個別消費税（Miscellaneous Excise Taxes）（４００1条〜５０００条）、酒類・たばこその他の個別消費税（Alcohol Tobacco and Certain Other Excise Taxes）（５００1条〜５８９1条）など、さまざまな税目を一括して定めた法律になっており、日本の国税のような一税目一法律主義とは異なる定め方がされています。内国歳入法典には、手続及び行政（Procedural and Administration）（６００1条〜７８７４条）の規定もあります。

＊２　明治32年法律第17号。

＊３　昭和15年法律第24号。

＊４　明治20年勅令第5号。

しました。しかし、**創設された当初からいわれていたのは、所得税は公平な税負担を求めることができる、という点です。**

紆余曲折を経て現行の所得税の基本ができたのは、1947年（昭和22年）です。現在の所得税法は、毎年の税制改正で細かな部分は何度も改正されているものの、1965年（昭和40年）の全文改正により制定されたものです。[*5]

所得税制度の基本は1947年（昭和22年）改正で作られました。[*6] その特徴は、①総合所得税になっていること、②申告納税制度が採用されている点です。また、1887年（明治20年）に創設された当初から世帯単位で所得を把握していた日本の所得税（**世帯単位課税**）も、1947年（昭和22年）から個人単位で所得を把握する原則（**個人単位課税**）に変わりました。この点で、③個人単位課税の原則も1つの特徴であるといえます（詳細は、第4章でお話ししますが、たとえばアメリカでは、個人単位にするか、夫婦単位にするかを納税者が選択できる制度が採用されています。諸外国をみても、個人単位主義は立法例として必ずしも絶対的なものではありません）。

INCOME TAX LAW 2

分類所得税と総合所得税

所得税には、次章でも触れますが、大きく分けて2つの課税方法があります。1つが**分類所得税**（schedular system）で、もう1つが**総合所得税**（global system）です。

分類所得税とは、所得の種類ごとに独立して課税する仕組みです。分類所得税の起源はイギリスの「**シェデュール制度**（schedular system）」にあるといわれています（イギリス型）。日本でも1940年（昭和15年）改正の所得税法では、分類所得税が採用されました。

その後、1947年（昭和22年）に採用されたのが総合所得税です。総合所得税とは、異なる種類の所得を総合（合算）して累進税率で課税する仕組みです。総合所得税の起源は、プロイセンの所得税にあるといわれています（プロイセン型）。総合所得税の場合でも、特定の種類の所得については総合（合算）しないで分離して税率を適用する仕組みを併用することがあ

＊5　昭和40年法律第33号。
＊6　昭和22年法律第27号。

ります。この場合、「**分離課税**」といいます。

日本の現在の所得税は、所得を得た原因や性質により異なる種類の所得を10種類に分けています（**所得区分・所得分類**）。そして、退職所得と山林所得を除き、それぞれの所得金額を総合（合算）してから累進税率を適用して、所得税額を計算する総合所得税になっています。

ここで分離されている退職所得と山林所得が、分離課税の部分です。分離課税になると、[*7]他の所得と合算されることなく、所定の税率が適用されることになります。そのため、他の所得の金額が高い場合でも、分離課税になる所得の金額が低ければ、低い税率の課税で済みます。

たとえば、長年勤めた会社を退職して退職金（課税される退職所得の金額が200万円だったとします）をもらった年に、たまたま偶発的に得た高額な一時所得（課税される一時所得の金額が900万円あり、給与所得と合わせて課税される総所得金額が1700万円あったとします）もあった場合、退職所得も総合課税だとすれば両者を合算した1900万円に超過累進税率を適用することになります（税率は本章の3で後述します）。そうすると、2番目に高い税率（40％）が100万円部分（1800万円を超える金額）に適用されることになります。

しかし、退職所得は分離課税とされているので、両者には別々に超過累進税率が適用されます。そのため、退職所得（課税退職所得金額200万円）にも、他の所得（課税総所得金額1700万円）にも、40％の税率は適用されないことになります。

INCOME TAX LAW 3

さまざまな税率

所得税は、期間を区切って把握される**期間税**です。カレンダー通り1月1日から12月31日までの1年間（暦年）で区切り、所得を把握する**暦年課税**《れきねんかぜい》（calendar year taxation）になっています（国税通則法15条2項1号）。

毎年、その人（個人）が得た所得金額を合計して、所得に応じた**超過累進税率**を適用して計算されます。税金を負担する能力を「**担税力**《たんぜいりょく》（ability to pay）」といいます。担税力は**課税標準**に表われます。課税標準とは、課税対象を数値化したものです。

課税標準に応じて税率が高くなる税率を**累進税率**といい、課税標準に関係なく一定している

＊7　所得税法（本法）では退職所得と山林所得が分離課税とされ、他の8種類の所得は総合課税とされていますが、租税特別措置法にも政策的な理由から「特例」として、本法の定めと異なる分離課税が規定されているものがあります。利子所得の分離課税（租税特別措置法3条1項）、土地建物の譲渡所得の損益通算の否定（同法31条1項、32条1項）などです。この点には、注意が必要です。

◎税率の種類

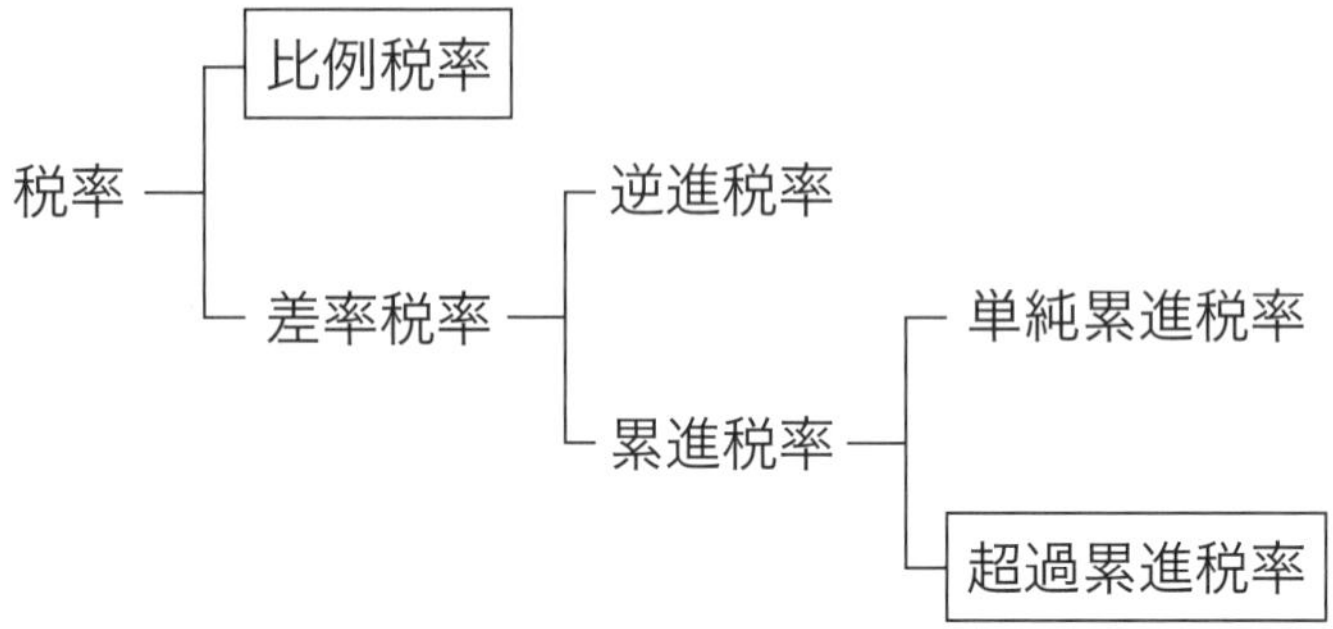

税率を**比例税率**といいます。課税標準が高くなるにつれて低くなる税率も理論的にはあり得ます。これを講学上は「逆進税率」といいますが、諸外国をみても採用されていません。課税標準により異なる税率を「差率税率」ということがあります。

　累進税率にも種類があります。課税標準が高くなると全体の税率が上がる「単純累進税率」と、課税標準が高くなるにつれて段階ごとに税率が高くなる「超過累進税率」です。所得税や相続税・贈与税では、超過累進税率が採用されています。[*8] これに対し、法人税や消費税では、比例税率が採用されています。[*9] 超過累進税率は、垂直的公平[*10]を図ることができる点で優れている税率であるといわれています。税率の種類をまとめると、上の図になります。

　日本の所得税は、創設当初は単純累進税率でした。プロイセンの「階級税及び階層別所得税」に影響を受けたもので、階級的な意味合いがありました。所得金額が高くなるほど、その人自身の税率が高くなる仕組みでした。単純累進税率では、所得金額が増えた場合に所得金額全体に対する税率が一気に上がってしまいます。

階級的な意味合いを離れて考えた場合（そもそも戦前の大日本帝国憲法と異なり、平等原則が徹底されている日本国憲法の下では、[*11]階級制度は存在しません）、得た所得に対する税金とい

＊8　相続税は8段階（1000万円以下の金額における10％から、6億円を超える金額における55％）の超過累進税率であり（相続税法16条）、贈与税も8段階（200万円以下の金額における10％から、3000万円を超える金額における55％）の超過累進税率になっています（同法21条の7）。

＊9　法人税は標準税率が23.2％（法人税法66条1項）の比例税率です（ただし、軽減税率あり）。また、消費税は6.3％（消費税法29条）の比例税率です。地方消費税は、消費税額の63分の17（1.7％）です（地方税法72条の83）。改正により、平成31年10月1日から消費税及び地方消費税の標準税率は、それぞれ7.8％、消費税額の78分の22（2.2％）になる予定ですが、比例税率であることには変わりがありません。

＊10　税制には、①公平性、②中立性、③簡素が求められます。①公平性は、「税制は公平であるべき」とするもので、水平的公平と垂直的公平があります。②中立性は、税制が国民の行動や経済活動に影響を与えてはならないという考え方です（実際には、これに反するものは多々あります）。③簡素は、税制は複雑な仕組みではなく簡素（単純）であることが望ましいというものです（実際には複雑なものがありますが、簡素か複雑かは相対的なものなので、できる限り簡素なものにしながら、公平な課税になるように、さまざまな税制が構築されているのが実情です）。また、第7章で説明しますが、配偶者控除など、女性の就労に税制が影響を与えるような仕組みは廃止（改正）されるべきではないかとの議論がなされているところです。

う点でみると、「単純累進税率」は公平ではありません。

■単純累進税率が不公平な理由

たとえば、所得金額１９５万円以下まで税率が５％で、１９５万円を超えると税率が10％に上がるという累進税率が採られたとすると、所得金額１９５万１０００円の人には、１９５万１０００円全体に10％の税率が適用され、19万５１００円の税額になります。これに対して、所得金額１９５万円の人は５％で済むので、９万７５００円の税額でよいことになります。しかしこれでは、所得金額が１０００円増えただけで、税額が９万７６００円も増えるという、奇妙な事態が起きます。奇妙なだけでなく、明らかに不公平ですよね。

また、１年間の所得が５００万円の人の所得税率は10％、１年間の所得が２０００万円の人の所得税率は30％というように、いわば属人的に所得税率がそれぞれ異なる仕組みを採用することに、合理性があるとはいえません。

明治時代に創設された日本の所得税は、直接国税15円以上の者に選挙権を与えるという制度が採用される前提で導入されました。そして、ここにいう直接国税は、地租と所得税を指しました。当時の日本は、選挙権のある人、ない人という階級的な（属人的な）所得税率の違いを認める社会だったのです。

しかし、法の下の平等が保障されている日本国憲法の下では、このような属人的な税率の相違を認めることに合理性を見出すことはできません。こうして現在の日本では、所得金額ごとにだれでも同じ税率が適用される超過累進税率が、公平な課税に資するものとして採用されているのです。

創設当初は階級的な意味合いをもっていた単純累進税率

日本に所得税が創設された当初の税率（単純累進税率）は、次のようなものでした。これは、明治20年所得税法の4条の規定になります。[*12]

> **第四　所得ノ等級及《および》税率**
>
> **第四条**　所得税ノ等級及税率左《さ》ノ如《ごと》シ
>
> | 等級 | 税率 |
> |---|---|
> | 第一等　所得金高三万円以上 | 百分ノ三 |
> | 第二等　所得金高二万円以上 | 百分ノ二半 |

＊11　「すべて国民は、法の下に平等であつて、人種、信条、性別、社会的身分又は門地により、政治的、経済的又は社会的関係において、差別されない」という平等原則により、法の下の平等が保障されています（日本国憲法14条1項）。なお、この規定に続けて「華族その他の貴族の制度は、これを認めない。」とも規定されています（同条2項）。

＊12　井上一郎「安井・今村・鍋島による明治20年所得税法逐条解説」税大論叢23号（1993年）542～545頁参照。

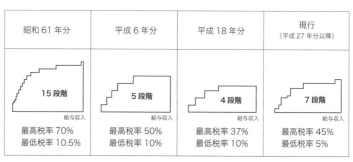

◎所得税の税率の推移

昭和 61 年分	平成 6 年分	平成 18 年分	現行（平成 27 年分以降）
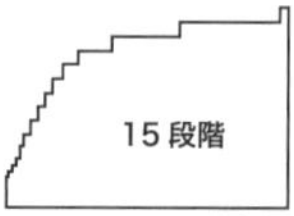			
最高税率 70% 最低税率 10.5%	最高税率 50% 最低税率 10%	最高税率 37% 最低税率 10%	最高税率 45% 最低税率 5%

出典：財務省「所得税の税率の推移（イメージ図）」の一部を抜粋

第三等　所得金高一万円以上　百分ノ二
第四等　所得金高千円以上　百分ノ一半
第五等　所得金高三百円以上　百分ノ一
但《ただし》所得金高ハ円位未満ノ端数ヲ算セス

漢文のようで読みにくかったかもしれませんが、この規定をみると、所得金額に応じて第一等から第五等までの「等級」が示され、その等級ごとに所得税率が3%から1%までの5段階に分かれていたことを読み取ることができます。

プロイセンの「階級税及び階層別所得税」は、「毎年1千ターレル〈当時の通貨〉以下〈未満〉の所得ある人民には等級税を賦課する」とし、「毎年1千ターレル以上の所得ある人民には所得税を賦課する」としたうえで（プロイセン等級及び所得税法[*13]2条）、1年間の所得により等級税を12級に分けて、等級ごとに税額表が定められていました（同法7条）。この影響を受けて作られたのが、明治20年所得税法です。今みたように明治20年所得税法の条文の文言が「等級」となっていた点からも、この単純累進税率には階級的な意味合いを見出すことができます。

■公平な税負担を実現する超過累進税率

これに対して、現在の所得税法は超過累進税率を採用しています。その税率は何度も改正されており、右図の通り、変遷があります。昭和61年（1986年）以降の推移ですが、それ以前の**昭和49年（1974年）から昭和57年（1982年）までの間では、19段階で、最高税率が75%だった時代もありました。**

このように過去には、19段階で最高税率が75%という時代があった所得税の超過累進税率ですが、現在は、次頁の表のように、7段階で最高税率は45%になっています（所得税法89条1項）[*14]。

＊13　1851年5月1日布告、1873年5月25日改正のもの（山本洋＝織井喜義「創成期の所得税制叢考」税大論叢20号〔1990年〕213～216頁）。
＊14　税率の最新の改正は、平成25年（2013年）にありました。課税総所得金額が4000万円を超える場合の最高税率を45%に引き上げる改正で、平成27年（2015年）分の所得税から適用されています。

◎現行の所得税の税率表

課税される所得金額	税率
195万円以下の金額	100分の5
195万円を超え330万円以下の金額	100分の10
330万円を超え695万円以下の金額	100分の20
695万円を超え900万円以下の金額	100分の23
900万円を超え1800万円以下の金額	100分の33
1800万円を超え4000万円以下の金額	100分の40
4000万円を超える金額	100分の45

このように超過累進税率が採用されている所得税では、課税される所得金額（課税総所得金額等）が増えるほど税率が高くなるため、それだけでも担税力に応じた公平な税負担が実現できる仕組みであることがわかると思います。

その仕組みのなかで、退職所得と山林所得について分離課税が採用されているのは、所得の種類に応じた特殊性があるからです。

たとえば、会社を退職した際に一括してもらう退職金に、給与所得と同じように、上に掲載した税率表の税率を他の所得と合算して適用してしまうと、老後の生活保障としての意味をもつ退職金であるにもかかわらず（第5章で解説するように、退職所得はそもそも給与の一括後払いの性質があるにもかかわらず）、高い税率で課税されることになってしまいます。

しかし、退職金は通常高額になるため、このような計算方法では高額所得者のように高い所得税が課され、手元に十分なお金が残らなくなってしまいます。そのため、分離課税になっているのです。

このように所得税を考えるときには、超過累進税率という仕組みを理解することが重要です。また、前提として、先ほど述べたように所得税は期間税であり、1暦年（1月1日から12月31日）に得た所得に、この超過累進税率を適用して納付すべき所得税額が計算される仕組みになっていることも、頭に入れておくことが大切です。

INCOME TAX LAW 4

申告納税制度と源泉徴収制度、年末調整

1年単位で計算される所得税ですが、**基本は申告納税制度**です。納税者自身が前年に得た所得金額を自ら計算した申告書（所得税の確定申告書）を翌年の2月16日から3月15日までに所轄の税務署に提出します（所得税法120条1項）。その申告書で計算された納付すべき所得税の額を、同日までに税務署に納める仕組みになっています（国税通則法35条1項、所得税法120条1項かっこ書、128条）。

申告納税制度とは、序章で述べたように、原則として納税者の申告（**確定申告**）によって納税義務が確定するものです（国税通則法16条1項1号）[*15]。ただし、正しく申告した納税者が損をすることがないよう、税務調査によって申告した税額に不足があった場合には税務署長による更正処分（増額更正）によって納税義務が確定する仕組みを併用しています（同号、同法24条）。また、申告すらしていない納税者には、税務署長が決定処分をすることで納税義務を確定することになります（同法16条1項1号、25条）。

■なぜ給与所得者は確定申告をしなくてもよいのか？

もっとも、会社や官公庁などに勤務し給料をもらっている給与所得者については、原則として確定申告は不要とされています（例外的に、1年間に得た給与収入が2000万円を超える場合や、2か所以上から給与をもらっている場合には申告が必要です）。

確定申告をしなくてもよいのは、勤務先（会社や官公庁）が給与を支払う際に、源泉所得税をその都度徴収し、翌月の10日までに納付する義務（**源泉徴収義務**）を負っているからです（所得税法183条1項）。また、これによって1年間に納めるべき所得税に過不足が生じた場合でも、支払者である勤務先が**年末調整**をする義務を負っているからです（同法190条）。

つまり、源泉所得税の徴収納付により過納となっていた場合は、その年最後の給与の支払の際に徴収されるべき源泉所得税額に充当され、充当しきれない超過額がある場合はその超過額が還付されます（同法191条）。

＊15　納税義務を確定させる方式には、①**申告納税方式**（国税通則法16条1項1号）、②**賦課課税方式**（同項2号）、③**自動確定方式**（同法15条3項）の3種類があります。①申告納税方式と②賦課課税方式は、だれが納税義務を確定させるかという点で違いがあります（①は原則として申告をする納税者であるのに対し、②は税務署長です）。これに対し、③自動確定方式は、納税義務の成立と同時に、特段の手続をすることなく納税義務が確定するものです。

これに対し、不足額が生じていた場合は、その年最後の給与の支払の際（控除しきれない場合は、翌年の給与の支払の際）に、その不足額を徴収してこれを翌月10日までに所轄の税務署に納めることになっています（同法192条1項）。

たとえば、算出所得税額が100万円で源泉徴収税額が110万円の場合、過納額である10万円が12月の給与の支払の際に徴収される源泉所得税額に充当され、充当しきれない超過額がある場合、その超過額が還付されます。一方、算出所得税額が100万円で源泉徴収税額が98万円の場合、2万円の不足額があるので、12月の給与の支払の際に天引き控除されます（不足額の徴収）。

INCOME TAX LAW 5

所得税の計算の仕組み

所得税は、1年間の所得金額に超過累進税率を適用することで計算されます。シンプルにいえば、そのような仕組みです。しかし、所得税の計算は、これからお話しするように、決して単純なものではありません。

まず、所得は10種類に分けられ（**所得区分・所得分類**）、その所得ごとに所得金額を計算します（所得税法23条〜35条）。所得ごとに所得金額の計算方法は異なりますが、ざっくりととらえると「所得金額＝収入－経費」と考えていただけると、イメージがしやすいと思います（ただし、経費が引けない所得もあります。詳細は第5章を参照）。つまり、所得とは利益だということです。

利益ですから、得た収入から、その収入を得るために投下した資本に相当する部分は除外します。これが所得です。また、総合所得税ですから、例外の退職所得と山林所得を除き、それぞれに計算した所得金額を合算します（同法22条2項）。この合算の際に、1つの所得区分（所得分類）でみたときにマイナス（赤字）になっているものがある場合（たとえば、収入金額よりも必要経費が上回る場合)、そのマイナス分を他のプラス(黒字)の所得から差し引く(相殺する)ことができるものがあります(同法21条1項2号)。このように赤字の所得のマイナス分を黒字の所得から控除(相殺)することを、「**損益通算**」といいます(同法69条)。

こうして計算された総所得金額から、さらに所得控除といって基礎控除(同法86条)や配偶者控除(同法83条)、社会保険料控除(同法74条)や生命保険料控除(同法76条)などのさまざまな控除をして(同法72条〜87条)、**課税総所得金額**を計算します(同法21条1項3号)。

課税総所得金額に税率(同法89条)を適用することで**算出所得税額**を計算します(同法21条1項4号)。通常、この算出所得税額が、納付すべき所得税額になります。

ただし、**税額控除**といって、この算出所得税額から直接控除できるものがある場合には、さらにこれを控除をします(同法21条1項5号)。[*16]

こうして納付すべき所得税額が計算されることになります。

■源泉徴収には「所得税の前どり」の側面もある

このとき、給与等の支払の際に支払者(勤務先)によって「源泉徴収をされた又はされるべき所得税の額」[*17](以下、単に「源泉徴収税額」といいます)を控除します。源泉所得税を徴収して納付すべき義務(源泉徴収義務)は、所得税法所定の支払をした時に成立し(国税通則法15条2項2号)、特段の手続を要せず自動的に確定します(同条3項2号。自動確定方式)。このような源泉所得税には、支払段階で天引きされることによって、あらかじめ所得税を納めることが強制される点で、**「所得税の前どり」**としての側面があります。そのため、確定申告をして納税額を決めることになる納税者には、源泉徴収税額を控除して精算する仕組みが採用されているのです（所得税法120条1項5号）。

序章でも述べたように、**最高裁は申告所得税と源泉所得税は別個の税金であると判示しています。**[＊18] しかし、実質的には、源泉所得税に前どりとしての側面があることは、このような点から

＊16 税額控除には、配当控除（所得税法92条）、外国税額控除（同法95条）があります。配当控除は、株主が会社から得た配当などに対する所得である配当所得（同法24条）がある者について、会社（法人）と株主（構成員）に対する二重課税を考慮して一定の控除をするものです。外国税額控除は全世界所得課税のもとでは外国で得た所得についても日本の所得税の課税対象としての所得にあたるため、外国で納めた税金（外国税額）を、国際的な二重課税を排除するために控除するものです。

＊17 所得税法120条1項5号（算出所得税額から源泉徴収税額を控除する規定）に規定されているこの文言の意味については「所得税法の源泉徴収の規定（第四編）に基づき正当に徴収をされた又はされるべき所得税の額を意味するものであり、給与その他の所得についてその支払者がした所得税の源泉徴収に誤りがある場合に、その受給者が、右確定申告の手続において、支払者が誤って徴収した金額を算出所得税額から控除し又は右誤徴収額の全部若しくは一部の還付を受けることはできない」であると解されています（最高裁平成4年2月18日第三小法廷判決・前掲注序章15）。そのため、徴収されていたか否かにかかわらず、法律上源泉徴収されるべき所得税の額は控除されることになります。

ら明らかといえます。

確定申告をしたときに算出所得税額が源泉徴収税額を上回る場合は、所得税の追加納税（納付）が必要になります。これに対し、源泉徴収税額が算出所得税額を上回っていた場合は納めすぎ（過納）だったことになり、その分が還付されることになります。[19]

たとえば、算出所得税額が２００万円で源泉徴収税額が１８０万円だった場合、３月15日までに所轄の税務署に確定申告書を提出したうえで20万円を追加納付しなければなりません。これに対し、算出所得税額が２００万円で源泉徴収税額が２４０万円だった場合、申告書（還付申告）を提出すると40万円が所轄の税務署から還付されます。**個人事業主の人が確定申告期に「納税だよ」といったり、「還付されるんだよね」といったりしているのを聞いたことがあるかもしれません。彼ら彼女らの言葉の意味は、こういうことなのです。**

なお、**予定納税**といって、一定程度の所得がある人になると、その年の所得税の一部を予定納税額として、あらかじめ前倒しで納めなければなりません（同法１０４条）。[20] 予定納税に係る所得税も、源泉所得税と同じ自動確定方式です（国税通則法15条3項1号）。こうして、あらかじめ前年に納めた予定納税についても、源泉徴収されるべき所得税の額と同様に控除されます（所得税法１２０条1項7号）。

INCOME TAX LAW 6

所得税額の計算の全体像

所得税額の計算は、その流れをビジュアルでみると、よりイメージしやすくなると思います。次頁の確定申告書の見本が参考になります（ざっと眺めていただければ十分です）。

本書は、税理士試験受験者が細かな計算を覚えるための本ではありません。また、確定申告

＊18 最高裁は「所得税法上、源泉徴収による所得税（以下「**源泉所得税**」という。）について徴収・納付の義務を負う者は源泉徴収の対象となるべき所得の支払者とされ、……その納税義務は、当該所得の受給者に係る**申告所得税**の納税義務とは別個のものとして成立、確定し、これと並存するもの」であると判示しています（最高裁平成4年2月18日第三小法廷判決・前掲注序章15）。

＊19 還付の際には、納付から還付のための支払決定日又は充当日までの期間に一定の割合をかけて計算した還付加算金も付されます（国税通則法58条1項）。還付加算金とは、利息のようなものです。

＊20 居住者は、前年分の課税総所得金額に係る所得税の額から源泉徴収税額を控除した金額（予定納税基準額）が15万円以上の場合に、第一期（その年7月1日から同月31日までの期間）及び第二期（その年11月1日から同月30日までの期間）に、それぞれその予定納税基準額の3分の1に相当する金額の所得税（予定納税額）を国に納付しなければなりません（**予定納税**）。その年の5月15日の現況により、6月15日までに、①予定納税基準額、②第一期及び第二期に納付すべき予定納税額が、所轄の税務署長から書面で通知されます（所得税法106条1項）。

◎確定申告書の様式

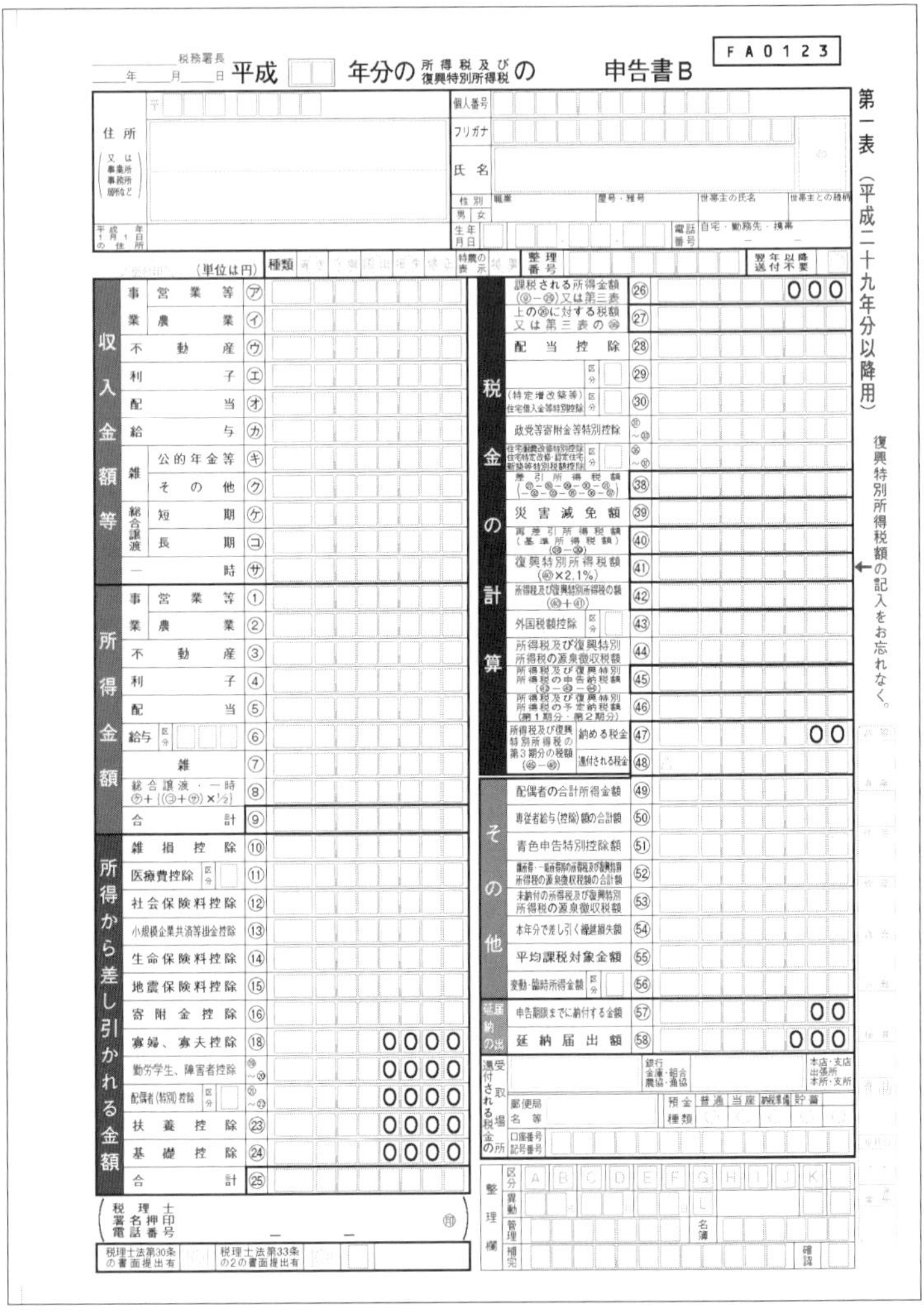
税務署長
年　月　日　平成□□年分の所得税及び復興特別所得税の　申告書B

FA0123

第一表（平成二十九年分以降用）

住所（又は事業所事務所居所など）
平成　年1月1日の住所
個人番号
フリガナ
氏名
性別　男　女
職業
屋号・雅号
世帯主の氏名
世帯主との続柄
生年月日
電話番号　自宅・勤務先・携帯

（単位は円）　種類　特農の表示　整理番号　翌年以降送付不要

収入金額等	事業	営業等	㋐
		農業	㋑
	不動産		㋒
	利子		㋓
	配当		㋔
	給与		㋕
	雑	公的年金等	㋖
		その他	㋗
	総合譲渡	短期	㋘
		長期	㋙
	一時		㋚
所得金額	事業	営業等	①
		農業	②
	不動産		③
	利子		④
	配当		⑤
	給与　区分		⑥
	雑		⑦
	総合譲渡・一時 ㋘+{(㋙+㋚)×½}		⑧
	合計		⑨
所得から差し引かれる金額	雑損控除		⑩
	医療費控除　区分		⑪
	社会保険料控除		⑫
	小規模企業共済等掛金控除		⑬
	生命保険料控除		⑭
	地震保険料控除		⑮
	寄附金控除		⑯
	寡婦、寡夫控除		⑱ 0000
	勤労学生、障害者控除		⑲～⑳ 0000
	配偶者（特別）控除　区分		㉑～㉒ 0000
	扶養控除		㉓ 0000
	基礎控除		㉔ 0000
	合計		㉕

税金の計算	課税される所得金額（⑨－㉕）又は第三表	㉖ 000
	上の㉖に対する税額又は第三表の㊱	㉗
	配当控除	㉘
	区分	㉙
	（特定増改築等）住宅借入金等特別控除　区分	㉚
	政党等寄附金等特別控除	㉛～㉝
	住宅耐震改修特別控除 住宅特定改修・認定住宅新築等特別税額控除　区分	㉞～㊲
	差引所得税額	㊳
	災害減免額	㊴
	再差引所得税額（基準所得税額）（㊳－㊴）	㊵
	復興特別所得税額（㊵×2.1%）	㊶
	所得税及び復興特別所得税の額（㊵+㊶）	㊷
	外国税額控除　区分	㊸
	所得税及び復興特別所得税の源泉徴収税額	㊹
	所得税及び復興特別所得税の申告納税額（㊷－㊸－㊹）	㊺
	所得税及び復興特別所得税の予定納税額（第1期分・第2期分）	㊻
	所得税及び復興特別所得税の第3期分の税額（㊺－㊻）　納める税金	㊼ 00
	還付される税金	㊽
その他	配偶者の合計所得金額	㊾
	専従者給与（控除）額の合計額	㊿
	青色申告特別控除額	51
	雑所得・一時所得等の所得税及び復興特別所得税の源泉徴収税額の合計額	52
	未納付の所得税及び復興特別所得税の源泉徴収税額	53
	本年分で差し引く繰越損失額	54
	平均課税対象金額	55
	変動・臨時所得金額　区分	56
延届納の出	申告期限までに納付する金額	57 00
	延納届出額	58 000

←復興特別所得税額の記入をお忘れなく。

還付される税金の受取場所　銀行 金庫・組合 農協・漁協　本店・支店 出張所 本所・支所
郵便局名等　預金種類　普通 当座 納税準備 貯蓄
口座番号 記号番号

整理欄　区分 A B C D E F G H I J K　異動　管理　名簿　補完　確認

税理士署名押印電話番号　㊞

税理士法第30条の書面提出有　税理士法第33条の2の書面提出有

出典：国税庁「確定申告書等作成コーナー」

◎所得税額の計算（所得税法21条1項）

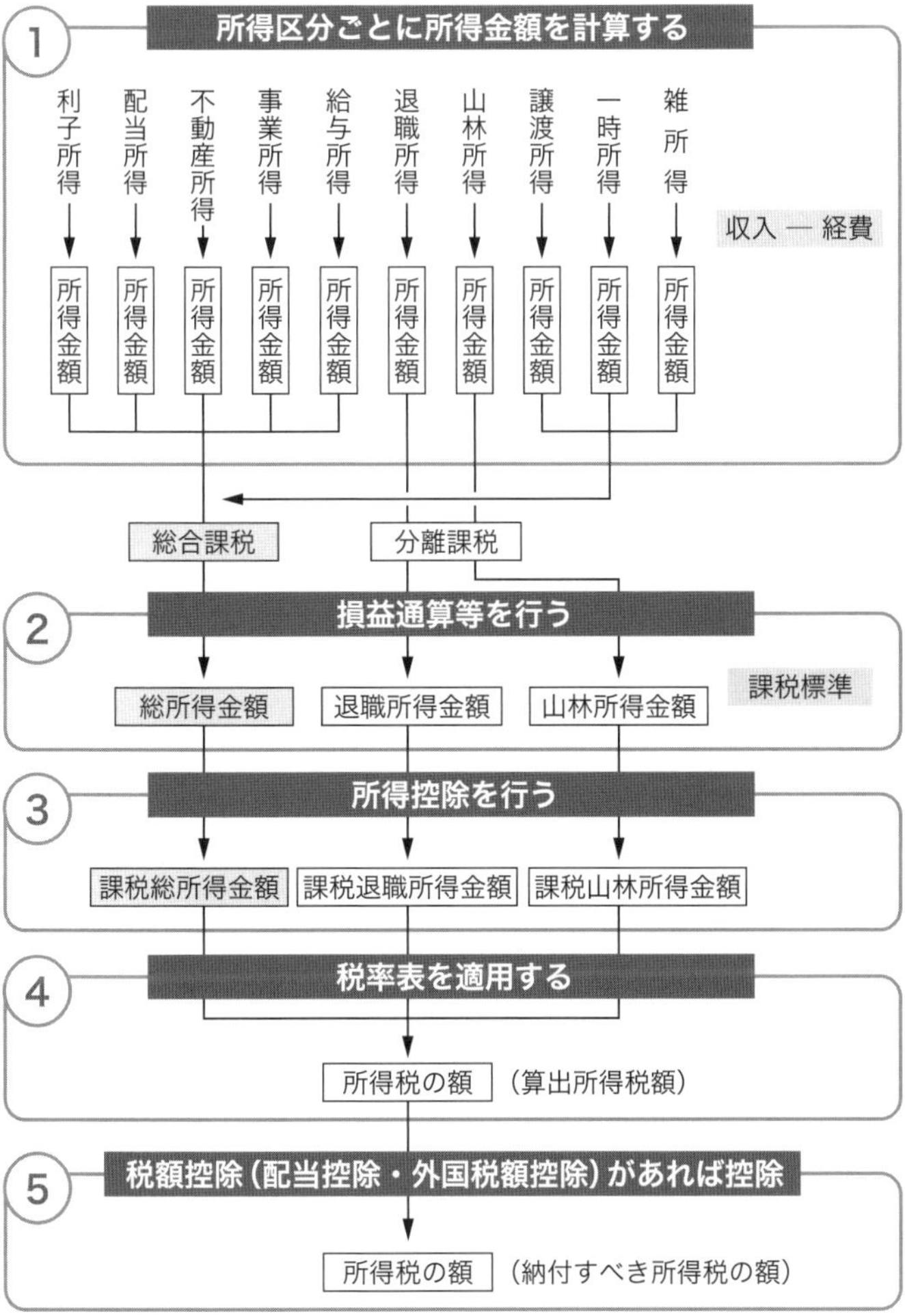

をする人が自分で所得税額を計算できるようになるためのマニュアル本でもありません。

国税庁のホームページの「確定申告書等作成コーナー」にアクセスすれば、所得税額の計算方法など知らなくても、1つひとつの情報を入力するだけで所得税額は自動的に計算されるソフトがあります（だれでも簡単に利用できます）。[*21] 以上の大枠としての所得税の計算方法を整理すると、前頁の図のようになります。

この図のように、ブロック（①～⑤）ごとにみると、わかりやすいと思います。すでに説明した内容ですが、**分離課税になる退職所得・山林所得を除いてシンプルにみてみましょう。**

① 所得区分ごとに**所得金額**を計算します（所得税法21条1項1号、23条～35条）。

② 退職所得金額と山林所得金額を除く所得金額を合算し、損益通算できるものがある場合はこれも行い、**総所得金額**を計算します（同法21条1項2号、69条）。

③ 総所得金額から所得控除を行い、**課税総所得金額**を計算します（同法21条1項3号、72～87条）。

④ 課税総所得金額に税率（超過累進税率）を適用して、**算出所得税額**を計算します（同法21条1項4号、89条）。

⑤ 税額控除がある場合は、さらに算出所得税額から税額控除を行い、**納付すべき所得税の額**を計算します（同法21条1項5号）。

INCOME TAX LAW 7

所得税法の思考プロセス

このような所得税計算の仕組みを前提に、**「所得税法の思考プロセス」**を紹介しておきます。

私の著書『分かりやすい「所得税法」の授業』（光文社新書、2014年）などでも述べたのですが、この所得税法の思考プロセスを、ひと言で表現すると、次のようになります。

だれの、どんな所得が、いつ課税され、計算はどうなるのか？

この表現は、次の6つのプロセスに分けることができます。

①そもそも「所得」があるか（**所得概念**）

②その所得はだれに帰属するのか（**所得の人的《じんてき》帰属**）

＊21 国税庁「所得税（確定申告書等作成コーナー）」参照。

③非課税ではないか（**非課税所得**）
④その所得はどの所得区分に分類されるか（**所得区分**）
⑤その所得はいつ課税されるのか（**所得の年度帰属**）
⑥控除されるものは何か（**所得税額の計算**）

先ほどの思考プロセスの表現のなかに、各プロセスの位置づけを挿入すると次の通りです。

だれの（②）、どんな所得が（①③④）、いつ課税され（⑤）、計算はどうなるのか（⑥）？

■所得税法の思考プロセスと本書の構成

本書の構成でいうと、まず、所得税額の計算（⑥）の全体像を示したのが、本章（第1章）でした。次章（第2章）の歴史は、所得税額を計算する際の視点には含まれませんが、所得概念（①）と非課税所得（③）は第3章で、所得の人的帰属（②）は第4章で、所得区分（④）は第5章で、所得の年度帰属（⑤）は第6章で、計算のなかでも配偶者控除など近年話題になっている所得控除（⑥）は第7章でお話しします。

所得税法の思考プロセスと本書の構成との関係を改めて整理すると、次のようになります。

本書を読み進める際の全体のマップとして、活用していただければ幸いです。

①そもそも「所得」があるか（所得概念）→第3章
②その所得はだれに帰属するのか（所得の人的帰属）→第4章
③非課税ではないか（非課税所得）→第3章
④その所得はどの所得区分に分類されるか（所得区分）→第5章
⑤その所得はいつ課税されるのか（所得の年度帰属）→第6章
⑥控除されるものは何か（所得税額の計算）→第1章、第7章

本章では、所得税額の計算の仕組みを中心に所得税法の全体像についてお話ししました。「むずかしいなあ」「よくわからなかったぞ」という感想をもたれたかもしれません。

ここでお話しした全体像の各論については第3章以降で個別に説明していきます。**その都度、本章に戻って再読していただけると、少しずつ慣れてくると思います。**すぐにすべてを理解することができなくても、問題ありません。概要だけでもつかんでもらえれば、今は十分です。

次章では、所得税法の歴史についてお話しします。歴史といっても130年の間に何度も改

正されている所得税法ですから、そのすべてをみることはできません。

そこで、１８８７年（明治20年）に制定された所得税法に焦点をあて、所得税の沿革・歴史を探りたいと思います。

計算の仕組みをメインに扱った本章と異なり、次章では、日本史と世界史を学ぶような感覚で、「なるほど、なるほど」と、ワクワクしながら読んでいただければと思います。

INCOME TAX LAW

第2章

所得税法の歴史をひも解く

――日本に誕生した所得税の移り変わり

INCOME TAX LAW 1

130年以上前に誕生した日本の所得税法の歴史

本章では、押さえておきたい日本の所得税法の歴史をお話しします。イギリスとアメリカの所得税誕生の歴史にも、簡単に触れます。

日本に所得税法が誕生したのは、今から130年以上前のことです。1887年（明治20年）に所得税法は誕生しました。[*1] 憲法制定前で国会も開設されていないときに、同法は産声を上げました。国会がまだなかったので、元老院の審議を経て制定されました。[*2]

条文の数は少なく、全部で29条からなる法律でした。現行法（243条）の約10分の1の短さです。その目的は、①海軍の拡充・強化のための財源を賄うこと、②平等な課税（公平負担）を目的とした新税を創設することにありました。[*3]

資本主義が未発達の当時ですが、大日本帝国憲法の制定と、これに伴う国会の開設が数年後の1890年（明治23年）に予定されていました。その際、国民に認める選挙権には収入制限（納税要件）をかけることになります。衆議院議員選挙法は大日本帝国憲法が発布（公布）された1889年（明治22年）に制定されます。しかし、満18歳以上の者であれば、だれにでも認められる現在の普通選挙（公職選挙法9条1項）と異なり、満25歳以上の男性で、かつ、直接国税15円以上を納めている者にのみ選挙権を認める制限選挙でした。

この選挙権の納税要件（直接国税15円以上）の対象（直接国税）に「所得税」も含めることで、従来の「地租」を中心とした地主層（地方）だけでなく、近代資本主義を担うことになる自営業者（都市部）も取り込むことが必要になっていました。このような背景もあり、憲法や国会開設に先立って所得税法は制定されたのです。[*4]

導入当初の所得税の納税者数は14万人でした。当時の日本の人口は3900万人です。現在の1億2600万人に比べると随分少ないですよね。こうした当時の人口でみても、0・36％に過ぎない納税者数でした。これは所得税の納税義務を負う者を300円以上の所得とすることで、**免税点**が規定されたことにもよります（この免税点は、最低限度の生活費には課税をし

＊1　明治20年所得税法（明治20年勅令5号）は、明治20年（1887年）3月19日に公布され、同年7月1日から施行されました。
＊2　元老院における審議内容の詳細は、磯部喜久男「創設所得税法概説—明治20年の所得税法誕生物語—」税大論叢30号（1998年）153頁にまとめられています。
＊3　井手文雄『要説　近代日本税制史』（創造社、1959年）6～8頁参照。
＊4　磯部・前掲注2・164頁参照。

ない課税最低限〈第7章の2参照〉と同じ機能をもっていたといえます）。

明治20年所得税法の概要

創設時の所得税法では総合課税でしたが、損益通算は採用されていませんでした。また、現在の所得税法と異なり、世帯単位で合算される方式が採られていました。現行の所得税法9条で非課税所得として規定されている「1項所得（利子、配当、俸給、年金、恩給など）」には経費控除がなく、「2項所得（資産、営業）」には経費控除がありました。累進税率が採用されていましたが、**等級別累進税率**であり、第1等から第5等に等級が区分される**単純累進税率**でした（55～56頁参照）。等級という、身分に近い属人的な税率だったといえます。立法に影響を与えたプロイセンの税制が参考にされていたからです。

さらに、過去3年間の所得平均を予算（予定納税額）として4月30日までに申告する制度（予算申告）が採られ、その予算を民間人から選ばれた所得調査委員会が決議し、群区長が通知することで所得税額が確定されました（**賦課課税制度**）。

なお、一時所得は、非課税とされていました。明治20年所得税法が制限的所得概念を採用したことの表われです（昭和22年改正まで、この考え方は続きました）。

INCOME TAX LAW 2

日本の所得税法の制定経緯と改正経緯

このように誕生した所得税法ですが、公布の翌日の新聞では「この所得税法は、英国、独逸《ドイツ》その外欧州諸国の税法を参照して、日本に適当するように取調べられしものにて、単に外法によられしにはあらずとの事なり」と報道されました。[*5] 創設された所得税法の制定前には、諸外国（イギリス、フランス、ドイツ、オーストリア、イタリア、アメリカ、ババリア、プロイセン等）の所得税等のさまざまな立法例が検討されていました。[*6]
たとえば、プロイセンの「階級税及び階層別所得税」を参考にしてドイツ人のルードルフが

＊5 磯部・前掲注2・157頁。

＊6 諸外国の税制の詳細な検討については、山本＝織井・前掲注第1章13・155頁以下を参照。大蔵省が起案した所得税法草案の「所得税法説明書」には、従来所得税法を施行したイギリス・フランス・ドイツ・オーストリア・イタリア等の諸国の沿革や成績を検討したものの、フランスの動産税、アメリカの資本税は平等を欠き、イタリア・ババリアなどはある種類を除いて課税する点に欠点があること、そこで、イギリス・オーストリア・プロイセン等の一般収入に向けて課税する精神を採用し、賦課方法は日本の実情に合わせて定めたことなどが記されています（同156頁参照）。

作成した「収入税法律案」が、明治17年（1884年）に伊藤博文に提出されています。他方で、明治17年（1884年）には、「所得税則」という条文案のある「所得税草案」が松方正義大蔵卿から提出されています。この草案では、所得税は「資産又ハ労力ヨリ生スル所得高」に課せられ、3段階（2％、2.5％、3％）の超過累進税率を採用するというものでした。イギリスの分類所得税が参照されていたのです。

明治20年の所得税法はルードルフの「収入税法律案」を参考にした法案を、元老院で審議・修正したものです。こうして誕生した所得税法は、プロイセンの税制の影響を受けるものになりました。分類所得税というイギリスの発想は、明治20年所得税法では採用されませんでした。しかし、後の改正では、その考え方が参照されることになります。

所得税法の公布・施行から12年後には、その改正が行われます。明治32年（1899年）改正です。[*7] この新しい所得税法では、所得が3種類に分けられます。**第一種所得税は、法人の所得に課されるものでした。これは同年に「商法典」が制定されたことに平仄《ひょうそく》を合わせたものです**（制定当時の所得税法は産業保護の観点などから、法人には所得税を課していませんでした）。第二種所得税は、公社債の利子で、源泉分離課税方式が採用されました。第三種所得税は、それ以外の所得で、単純累進税率が採用されました。

その後、明治39年（1906年）に所得税法の改正案が作成されます。所得を甲種（資産所得）、乙種（勤労所得）、丙種（資産・勤労共働所得）の3種類に分け、順に全額、70％、85％

を課税標準とするものでした（これは担税力の指標として、今でも語られるものです）。しかし、否決され、実現には至りませんでした。[*8]

■太平洋戦争時に法人税は所得税から独立した

大正2年（1913年）、大正9年（1920年）にも改正がありましたが、大きな改正は、昭和15年（1940年）になります。太平洋戦争当時で、戦費調達の必要がありました。この年に初めて、所得税から独立した法人税が日本に誕生します（**法人税法の創設**[*9]）。

こうして個人の所得に対する税金となった所得税法は、イギリスのシェデュール制（第2章の3参照）のような分類所得税の考え方と総合所得税を併用した制度を導入します。①不動産所得、②配当利子所得、③事業所得、④勤労所得の4つの所得については異なる比例税率とされ、⑤山林所得、⑥退職所得は累進税率とされました。分離課税（比例税率）と総合所得税（累進税率）を併用する税制で、現行法のような総合課税を中心とする仕組みにはなっていません。なお、勤労所得や退職所得の分類所得税についても、源泉徴収されることになりました。

＊7　明治32年法律17号。
＊8　明治39年改正案の詳細は、金子宏「給与所得と課税―沿革と問題点―」日税研論集57号（2006年）8～11頁参照。
＊9　昭和15年法律第25号。

その後、終戦を経て、昭和22年（1947年）改正で[*10]、現行の所得税法の原型が完成します。**この改正は分類所得税による比例税率を廃止し、総合所得税に1本化するものでした。また、同改正で、現行所得税法で大きな役割を担っている、給与所得控除額や源泉徴収制度（年末調整）が整備されました。**

日本の税法は「**税制改正**」により、細かな法改正が毎年なされています。所得税法も現在に至るまで、毎年のように改正がされていますが、今の所得税法が採用している総合課税の仕組みは、この昭和22年改正で導入されたのです。

条文としての現行所得税法の原型ができたのは、昭和40年（1965年）の全文改正のときです。本書でも、この改正前の条文が引用された判例を紹介することがありますが、改正前後で条文番号が大きく変わっているので、注意が必要です。

現行の所得税法は、この昭和40年に全文改正された法律ということになります（もちろん、この法律に対する細かな改正は、その後も毎年のようになされています）。

INCOME TAX LAW 3

世界で最初に制定されたイギリスの所得税

世界で最初に所得税が誕生したのは、1799年のイギリスでした。[*11] 世界で最初に産業革命を成し遂げた国に、その土壌がありました。

ウィリアム・ピットが、世界で最初の所得税（income tax：以下「ピット所得税」といいます）を創設しました（The Income Tax Act.of 1799）。

4項目と19ケースに分類された分類所得税でした。具体的には、①土地家屋の所有・占有から生じた所得（項目1・ケース1～14）、②動産、商工業、自由業、役職・年金・雇傭等からの所得（項目2・ケース15～16）、③国外財産から生じた所得（項目3・ケース17～18）、④その他の所得（項目4・ケース19）に分類されていました。合算申告であり、累退税率と比例税

＊10　昭和22年法律第27号。

＊11　以下のイギリス所得税創設の経緯については、小山廣和『税財政と憲法』（有信堂高文社、2003年）409頁以下を参照。

率の併用でした。イギリスにとって、150年ぶりの新しい直接税の誕生でした。

ピット所得税は、フランスとのナポレオン戦争（1793年～1815年）の戦費調達のために導入されました。当時は関税と内国消費税が主な租税収入だったのですが、戦時に増税を繰り返し公債依存になっていたのです。

■廃止と復活を繰り返したイギリスの所得税

しかし、このピット所得税は、1802年には廃止されます。フランスとアミアンの和約締結（同年3月）によりナポレオン戦争が終結したからです。

1803年に戦争が再開されると、アディントン大蔵大臣により、所得税は再施行されます。[*12] この所得税（以下「アディントン所得税」といいます）は、5つの所得に分けるものでした（5シェデュール制）。分類所得税で、「**スケジュール・システム**（**シェデュール制**）」とも呼ばれるものです。[*13] 具体的には、A（不動産所有所得）、B（農業所得）、C（公社債利子所得）、D（商工業、自由業からの所得、他のシェデュールに属さない所得）、E（官吏、地方吏員、会社員等の給与、年金所得）でした。制限的所得概念（第3章の2参照）が採用され、分離課税、源泉課税でした。アディントン所得税は、1816年に廃止されます。

1842年に、ロバート・ピールのもとで、所得税は再び導入されます。アディントン所得税の分類方式が基本的に踏襲されました。3年の臨時税として導入されたのですが、更新が3

回行われ、廃止されずに続きます。

1853年にはグラドストンが所得税廃止計画を立てるのですが、実行できません。当時の所得税の納税義務者は、1842年から1851年の10年間で人口2000万人の1・7%程度でした。1873年にも所得税廃止を練り公約に掲げたグラドストンは、1874年の総選挙に出ますが、党は選挙で惨敗し、所得税はそのまま継続されます。その後、所得税が廃止されることはありませんでした。[*14]

世界で最初に誕生したイギリスの所得税は、恒久的な税として導入されて今に至ったものではありません。誕生当初は何度も廃止され、復活するなどの経緯があったのです。これは、日本の所得税とは異なる特徴です。

＊12 Property Tax（財産税）に改称されますが、従来通り所得税と呼ばれました（小山・前掲注11・420頁）。

＊13 スケジュール・システム（schedule system）ですが、シェデュールと発音されるイギリスの読み方から、日本の研究書でもイギリスのこの分類所得税をシェデュール制（シェデュール・システム）と表記するものが多くあります。

＊14 以上のイギリス所得税の経緯については、土生芳人『イギリス資本主義の発展と租税』（東京大学出版会、1971年）を参照。

INCOME TAX LAW 4

アメリカの所得税は憲法改正により実現した

戦後に、憲法をはじめとした日本の法制に大きな影響を与えたアメリカには、興味深い所得税誕生の歴史があります。1788年に、アメリカ合衆国憲法は成立します。それから70年以上の時を重ねた後、公平課税を求めた運動により、アメリカで初めて所得税が導入されます。しかし富裕層からの反対を受け、訴訟で効力が争われます。具体的には、次の通りです。

南北戦争の戦費調達のため（それ以前は関税が90％以上でした）、1862年にアメリカに導入された所得税は、あくまで臨時的な税でした。1年更新を続けますが、1872年に廃止されます。

その後、1894年に所得税を定めた法案が可決されます。しかし、翌**1895年にアメリカ連邦最高裁判所で「所得税は違憲である」との判決が言い渡されます**（ポロック対農業信用組合事件[*15]）。「直接税は人口比例でなければならない」と当時のアメリカ憲法には規定されていたのに、「所得税は収入比例である」ということが違憲の理由でした。[*16]

違憲と判断された所得税を復活させるために、1913年にアメリカは憲法を改正します。[*17]

「連邦議会は、いかなる源泉から生ずる所得についても、人口比例によることなく賦課徴収する権限をもつ」という内容に、憲法の条文を改正したのです。こうして改正された第16修正に基づき、恒久的な所得税を定めた法案も可決されます。包括的所得概念（第3章の2参照）を採用するものでした。

■アメリカの連邦税はすべて内国歳入法に規定されている

１９３９年に**内国歳入法典**（Internal Revenue Code of 1939）が制定されました。その後に全文改正もされていますが、この内国歳入法に、アメリカの連邦税法はすべて規定されています。ただし、あくまで連邦税法であり、各州には州ごとに税法が定められています。

日本において明治時代に所得税が誕生する過程では、外国の立法例が検討されました。その後も叡智《えいち》をしぼった改正がなされ続けてきました。世界に目を向けると、同じ所得税でも国に

＊15　Pollock v. Farmers' Loan & Trust Co, 158 U.S.601 (1895).
＊16　「直接税の徴収額は、各州のそれぞれの人数に比例して割り当てる」と規定されていたアメリカ合衆国憲法1条2節3項に違反するというものでした。
＊17　詳細は大塚正民「アメリカ合衆国憲法第16修正（所得税修正）成立史」田中英夫編集代表『英米法の諸相』（東京大学出版会、１９８０年）１２５頁を参照。

より誕生の経緯が大きく異なることがわかります。

日本の所得税法には、１３０年以上の歴史があります。これを念頭において次章以降を読んでいただけると、味わい深さが出るのではないかと思います。

INCOME TAX LAW

第3章

所得とは何を指すのか？

——所得概念についての考え方

INCOME TAX LAW 1

真の所得とは？
――セリグマンの所得概念

所得税とは個人の所得に対する税金である、と説明してきました。では、そもそも「**所得**」とは何を指すのでしょうか。

所得税法の規定をみても「所得」について定義した規定はありません。

所得税法をみると、「居住者は、この法律により、所得税を納める義務がある。」（同法5条1項）と規定されています。[*1] また、「所得税は、次の各号に掲げる者の区分に応じ当該各号に定める所得について課する。」とあり、「**非永住者以外の居住者**」には「**全ての所得**」について所得税が課されると定められています（同法7条1項1号）[*2]。

さらに、「次に掲げる所得については、所得税を課さない。」として、非課税になる所得を定めた規定もあります（同法9条1項1号～18号）。しかし、所得税が課される対象になる「所得」の概念について定義した規定はないのです。

所得税が課税の対象にしている「所得」とは、そもそも何を指すのかについての議論を「**所得概念**」といいます。法律に定義規定のない所得概念を考えるにあたっては、諸外国でなされてきた議論が参考になります。

そこで以下では、まず所得概念について一般的に紹介される複数の考え方をみたうえで、日本の所得税法がどのような所得概念を採用しているのかについて考えてみたいと思います。

■法律論にとらわれない所得のとらえ方

まず、所得とは何をいうのかを考えるにあたっては、「裸の議論」があります。裸の議論というのは比喩的表現ですが、法律論などの枠組みにとらわれない純粋な議論です。正確にいう

＊1 居住者とは、「国内に住所を有し、又は現在まで引き続いて1年以上居所を有する個人」のことをいいます（所得税法2条1項3号）。

＊2 非永住者とは、「居住者のうち、日本の国籍を有しておらず、かつ、過去10年以内において国内に住所又は居所を有していた期間の合計が5年以下である個人」をいいます（所得税法2条1項4号）。そこで、日本に住所を有するか、有していなくても1年以上居所が日本にある個人で（居住者）、日本国籍があり、あるいはなくても過去10年以内に日本に住所または居所があった期間が5年を超える個人（非永住者以外）は、どの国で得た所得についても日本の所得税が課されることになります（**全世界所得課税**）。納税義務に制限がないため**無制限納税義務**といい、このような納税義務者（非永住者以外の居住者）を**無制限納税義務者**といいます。これに対し、「居住者以外の個人」である非居住者（同法2条1項5号）や、居住者でも非永住者の場合は、**国内源泉所得**といって所得の源泉が日本にあるものとして定められているもの（同法161条）などに限り納税義務（**制限納税義務**）を負うため、**制限納税義務者**といいます。

と、法学ではなく、経済学における概念ということになります。

それは、「**真の所得**（real income）」とは何か、という議論です。

この点について財政学者のセリグマンは、財貨の利用により得られる「**効用**」と人的役務から得られる「**満足**」が、真の所得であると定義しました。[*3]

効用や満足が真の所得である、ということです。しかし、こうした効用や満足を測定することは困難です。このような概念のままでは、所得税という金額に置き換える作業をすることはできません。満足とは、そもそも心理的なものだからです。[*4]

そこで、「真の所得」について金銭的な評価を可能にするための手法（方法論）を検討することが必要になります。具体的には、次のような議論がなされることになります。

INCOME TAX LAW 2

消費型所得概念と取得型所得概念

所得のとらえ方については、大きく分けて2つの見解（経済学説）があります。1つは、「**消費型（支出型）所得概念**」と呼ばれるものです。もう1つは、「**取得型（発生型）所得概念**」と呼ばれるものです。結論からいうと、今日の所得税法では、取得型所得概念が採用されています。

では、取得型所得概念とは、どのようなものなのでしょうか。もう1つの考え方である消費型所得概念と対比するとわかりやすくなるので、順番にみていきましょう。

■消費型所得概念とは？

まず、消費型所得概念とは、「**所得とは、消費である**」という考え方です。消費型所得概念

＊3　E. R. A. Seligman, "the Income Tax" (1911).

＊4　これを「心理的所得概念」とするものもあります（谷口勢津夫『税法基本講義〔第5版〕』〔弘文堂、2016年〕196頁）。同書では、金銭的な評価を可能にするための所得概念を「貨幣的所得概念」としています（同頁）。

を提唱したのは、経済学者のジョン・スチュアート・ミルや、同じく経済学者のアーヴィン・フィッシャーです。ミルは、支出のみに課税し貯蓄には課税すべきでないとする理由として、貯蓄に課税してしまうと貯蓄から得られる利子に対する課税が、元金との関係で二重課税になることを挙げました。[*5] また、フィッシャーは資本と所得を区別し、キャピタル・ゲイン（値上り益）は将来の所得の資本化に過ぎず、現在の所得ではないとして、所得から貯蓄を除外しました。[*6]

消費型所得概念は、消費のみが所得であり、貯蓄は除かれる点に特徴があります。たとえば会社員が会社からもらった給料でも、個人商店を営んでいる個人事業主が手にした売上でも、給料や売上を得るために投入した投下資本の部分を除き、そこに利益（黒字）が発生していれば、新たな経済的価値（利益）を得たといえます。それだけで所得と考えるのであれば、そのうち消費のみをとらえて貯蓄を除く、という作業は不要になります。

しかし、**消費型（支出型）所得概念では、このように新たな経済的価値（利益）を得た場合でも、そのすべてが所得になるのではなく、消費されたものだけが所得になると考えます。**1年を期間として区切る所得税を前提にすると、1年における「消費の総額」が所得になります。逆にいえば、消費されずに貯蓄にあてられた部分に所得税は課されないことになります。[*7]

このような考え方を採れば、若年から老年まで租税負担が平準化され、生涯を通じた所得（**生涯所得**〔life-time income〕）について課税の公平を図ることができると論者はいいます。[*8]

しかし、他方でこうした消費型所得概念は、課税方法が複雑になるだけでなく、貯蓄にまわせば課税されないことになり、公平な課税を実現することがむずかしくなります。生涯消費されない支出には課税されずに終わってしまうからです。[*9]

取得型所得概念とは？

そこで提唱されたのが、取得型（発生型）所得概念です。この考え方によれば、新たな経済的価値の取得（発生）が所得になり、貯蓄を除外し消費に限るという区別はしないことになります。取得型所得概念は、各国で採用されている考え方で、先ほど述べたように日本の所得税

＊5　J. S. Mill, Principles of Political Economy with Some of Their Applications to Social Philosophy（1888）. ミル・末永茂喜訳『経済学原理（五）』（岩波文庫、1963年）46頁。

＊6　Irving Fisher, "The Nature of Capital and Income"（1906）. フィッシャー・気賀勘重＝気賀健三訳『利子論』（日本経済評論社、1980年）25～30頁参照。

＊7　消費型（支出型）所得概念の立場から、消費にあてられた金額のみに課税する消費支出税（expenditure tax）という考え方も、近年唱えられています（水野忠恒『大系租税法〔第2版〕』〔中央経済社、2018年〕155頁参照）。

＊8　金子宏『租税法〔第22版〕』（弘文堂、2017年）185～186頁参照。

＊9　1970年代からアメリカなどで急速に復活を遂げて消費型（支出型）所得概念が主張され始めた原因等を分析したものに、金子宏「所得税の課税ベース―所得概念の再検討を中心として」同『所得概念の研究』（有斐閣、1995年）161頁があります。

法でもこの考え方が採用されています。

もっとも、こうした取得型の所得概念を採用した場合でも、さらに2つの考え方に分かれることになります。それは、新たに取得（発生）した経済的価値であれば、制限なく包括的にすべてを所得ととらえて課税するのか（**包括的所得概念**）、それとも反復・継続性のあるものに限り所得ととらえて一時的・偶発的に得られた利得には課税しないという制限をかけるのか（**制限的所得概念**）という分岐です。

■アメリカで「株式配当が所得かどうか」が争われた例

アメリカには、セリグマンの理論に影響を受けたといわれる[*10]、著名な所得税の憲法判例があります（アイズナー対マッコンバー事件）。1920年に連邦最高裁判所で言い渡された**マッコンバー判決**です。

株式配当（株主に金銭ではなく現物である株式を配当すること）に所得税を課したことが憲法違反であると主張された裁判で[*11]、違憲であるとの判断が下されました[*12]。反対意見もあったところですが、アメリカ連邦最高裁判所の判断は、株式配当に所得税を課すことは、アメリカ合衆国憲法の第16修正に照らして、できないというものでした[*13]。この判決は「所得の実現」が所得概念の本質的要素になるとした点に、特徴がありました。「**所得の実現**（realization）」とは、「金銭その他の換価可能な経済的価値の、外部からの流入」のことです[*14]。

後ほどお話をする「**未実現の所得**」では、資産の時価が上昇したことで含み益（キャピタル・ゲイン）は生じていますが、その資産を所有し続けているだけの段階であるため、譲渡所得としての課税はされない、という考え方です。

マッコンバー判決は、このように所得概念に「所得の実現」という要素も含める点で、所得概念を制限しています。株式保有割合が変わらない株式配当について、「所得が実現したとは

＊10　セリグマンは、満足を所得ととらえるだけでなく、実現が所得の要素であるとしました。マッコンバー判決は、まさに、この所得の実現という観点から判断がなされていますが、これはセリグマンが連邦最高裁判所に提出した意見書の影響であるといわれています（森裕之「サイモンズ『個人所得税』―包括的所得税の確立―」宮本憲一＝鶴田廣巳『所得税の理論と思想』〔税務経理協会、2001年〕156頁参照）。

＊11　アメリカの石油会社から、1916年1月時点の株主に対して50％の株式配当（stock dividends）が行われたことにより、同社の株式を2200株保有していたマッコンバー（Myrtle H. Macomber）は1100株を受領したところ、この株式配当が「総所得」にあたるとして課税された事案でした。川田剛『新版　ケースブック海外重要租税判例』（財経詳報社、2016年）12～16頁参照。

＊12　Eisner v. Macomber, 252 U.S 189 (1920).

＊13　アメリカ合衆国憲法第16修正は、1913年に発効されたものです（その経緯については第2章参照）。規定は「連邦議会は、いかなる源泉から生じたものであるかを問わず、各州の間に配分することなく、また国勢調査その他の人口算定によることなく、所得に対して租税を課し、徴収することができる。」というものです。

＊14　谷口・前掲注4・200頁。

いえない」という理由で所得税を課すことはできない、としたのです。その後、アメリカではこの判決を受けて非課税とされた株式配当について、さまざまな改正がなされ、現在では課税が強化されています。[*15]

1913年に憲法改正により創設されたアメリカの所得税にとって、その7年後の1920年に下されたマッコンバー判決は「所得税が採用されてからまだ日が浅く、社会の指導的な人々の間にさえそれに対する敵意ないし反情が無意識的に残っていた時代の産物であった」ことと、「その後、最高裁判所は、マッコンバー判決の考え方にとらわれることなしに、次々に所得の範囲を拡大してきた」ことを指摘するのは、金子宏（東京大学名誉教授）です。[*16]

現在では、新たな経済的価値を得た場合に広く所得として把握する考え方、つまり「**包括的所得概念**（comprehensive income tax)」が採用されています。

包括的所得概念の考え方

このような**包括的所得概念のメリットは、担税力に応じた公平な課税が実現できること**です。ドイツの財政学者であるゲオルグ・シャンツが1896年に「所得概念と所得税法」という論文で提唱した純資産増加説は、[*17]その後、アメリカの財政学者であるロバート・ヘイグとヘンリー・サイモンズの両人に継承され、普及しました。両人の名をとって「ヘイグ＝サイモンズの所得概念（H－S概念)」と呼ばれることもあります。[*18] 包括的所得概念は、「所得＝純資産の増減＋消費」であると考えます。純資産の増加、つまり、その者の資産の総額が負債の総額を上回れば、所得を得た理由や原因は問わず、所得になると考えるのです（**純資産増加説**）。

ドイツのシャンツによって19世紀末に初めて体系化された包括的所得概念は、まさにこの純資産の増加を所得ととらえる考え方でした。この考え方をアメリカのヘイグは継承し、マッコンバー判決では所得税を課すことが違憲であると判断された株式配当も所得であると主張しました。[*19] ヘイグの考え方を、同じくアメリカのサイモンズも引き継ぎました。[*20] サイモンズは、何が所得で何が所得でないのかという分類をしようとする点に混乱が生じると、批判しています。[*21]

また、サイモンズの所得概念によれば、相続、遺贈、贈与のいずれも所得に含まれることに

＊15 改正の経緯については、金子宏「アメリカの連邦所得税における『株式配当』の取扱い」同・前掲注9・189頁参照。

＊16 金子・前掲注9・225頁。

＊17 Georg von Schanz "Der Einkommensbegriff und die Einkommensteuergesetze" (1896).

＊18 森・前掲注10・183頁、谷口・前掲注4・192頁参照。なお、このように同じ論者としてとらえられることが多いヘイグとサイモンズの類似点と相違点については、森・前掲注10の論文に詳しくまとめられています。

＊19 R. M. Haig, The Concept of Income (1921). 水野惠子『金融資産・信託財産の課税と理論』（中央経済社、2017年）14頁。

＊20 Simons, Henry Calvert, Personal Income Taxation (1938).

＊21 森・前掲注10・154～155頁参照。

なります。[22] こうした包括的所得概念の考え方は、1913年に創設されたアメリカ連邦所得税においても「総所得」という概念の規定に反映されました。純資産の増加はあり、その原因は問わないからです。

アメリカの内国歳入法典は、その源泉を問わず、原則としてあらゆる所得を「総所得（gross income：GI）」に算入すると規定しています。具体的には、「総所得とは、別段の定めがある場合を除き、次に掲げる事由を含む（ただし、これらに限られるものではない。）あらゆる源泉からのすべての所得をいう。」と定義しています（内国歳入法典61条（a）項）。[23]「次に掲げる事由（the following items）」は、15種類あるのですが、[24] これらは例示列挙になります。これはまさに包括的所得概念を採用するものです（包括的所得税）。

■日本で採用されている所得概念はどうか？

では、日本の所得税法では、どのような所得概念が採用されているのでしょうか。

結論からいうと、**日本で採用されているのは、取得型（発生型）所得概念の下での包括的所得概念（純資産増加説）です**。所得の定義規定がない日本の所得税法では、どのような所得概念を採用しているのかを明示した規定がないことは、本章の最初に述べた通りです。

しかし、日本の所得税法は所得を得た原因や理由により10種類に分け（**所得区分**）、所得区分ごとに所得金額の計算方法を規定しています。基本的な考え方は「**収入−経費**」ですが、何を引けるのかは所得区分ごとに規定されています（詳細は第5章を参照）。この所得区分をみると、反復・継続的な利得（たとえば、給与所得〔所得税法28条1項〕や事業所得〔同法27条1項〕）に限らず、一時所得（同法34条1項）や譲渡所得（同法33条1項）も規定されており、一時的・偶発的な利得を除外する「制限的所得概念」を採用していないことがわかります。

さらに、他の9種類の所得にあたらないものでも、つまり、積極的にどのような所得であると名づけることができないようなものでも「**雑所得**」として所得税が課されることが定められています（同法35条1項）。雑所得は「バスケット・カテゴリー」といって、他の9種類の所

＊22 森・前掲注10・162～163頁。

＊23 「別段の定め（otherwise provided in this subtitle）」としては、101条～140条に非課税規定があります。

＊24 次の15項目が規定されています。（1）「報酬、手数料、フリンジ・ベネフィット及びこれらに類する事由を含む役務の対価（Compensation for services, including fees, commissions, fringe benefits, and similar items）」、（2）「事業から生じる総所得（Gross income derived from business）」、（3）「資産の取引から生じる利益（Gains derived from dealings in property）」、（4）「利子（Interest）」、（5）「賃料（Rents）」、（6）「ロイヤリティ（Royalties）」、（7）「配当（Dividends）」、（8）「扶養料及び別居手当（1 Alimony and separate maintenance payments）」、（9）「年金（Annuities）」、（10）「生命保険及び養老保険による所得（Income from life insurance and endowment contracts）」、（11）「退職年金（Pensions）」、（12）「債務免除益（Income from discharge of indebtedness）」、（13）「パートナーシップの総所得の持分に応じた分配（Distributive share of partnership gross income）」、（14）「被相続人の所得（Income in respect of a decedent）」、（15）「遺言信託または信託による所得（Income from an interest in an estate or trust）」

得のいずれにも該当しないものを最後にすくう所得区分です。このような規定ぶりから、**日本の所得税法は制限的所得概念ではなく、包括的所得概念を採用している**ことがわかります。

■シャウプ勧告と包括的所得概念

所得税法の沿革をみると、日本にこうした包括的所得概念が採用されたのは、1947年(昭和22年)のことです。それ以前は、一時所得や譲渡所得には課税されていませんでした(雑所得は、1950年(昭和25年)までありませんでした)。

日本の所得税法は、1887年(明治20年)に創設された所得税法から一貫して制限的所得概念の下で、[*25]一時的・偶発的な利得(一時所得や譲渡所得)には課税していませんでした。それが戦後にアメリカの包括的所得税の考え方に影響を受け、所得を制限しない法制に変わったのです。これまで課税の対象とされていなかった譲渡所得が1947年(昭和22年)の所得税法(全部改正)で課税対象になり、[*26]同年の第2次改正で一時所得も課税対象になりました。[*27]コロンビア大学の**カール・シャウプ**が日本の税制に対して1949年(昭和24年)に行った勧告を、「**シャウプ勧告**」といいます。

GHQからの推奨により、納税者が自らの税金は自ら計算して申告をして確定させるという申告納税制度が1947年(昭和22年)から所得税・法人税・相続税・贈与税という当時の主要国税に導入されたことと、1950年(昭和25年)に申告納税制度を定着させるためにシャウプ勧告により**青色申告制度**が採用されたことは、前著で説明しました。[*28] 包括的所得概念の採用についても、このシャウプ勧告が影響を与えています。同勧告による1950年（昭和25年）のシャウプ税制で、他の9種類の所得にあたらないもののカテゴリーである雑所得が設けられたからです。

＊25　明治20年所得税法3条には、「左ニ掲クルモノハ所得税ヲ課セス」として「非課税所得」の規定がありました。そして、その「第三」として「営利ノ事業ニ属セサル一時ノ所得」が挙げられていました。当時の資料にも、この「営利ノ事業ニ属セサル一時ノ所得」は「所得トナラサルモノ」であると説明されており、一時の礼金・贈物のほか、贈与・相続などによって得た財産（一時所得）、物件の売却によって得た代金（譲渡所得）などが例として挙げられていました。詳細は、井上・前掲注第1章12・540〜542頁、磯部・前掲注第2章2・216〜218頁を参照。「此税法は、所得に付て課税せらるゝものゆへ、たとひ千万円の資産ありとも、其資産より間断なく収入ある場合に非されば、課税されさる法の精神と知らる。」との説明もあります（今村長善『所得税法詳解　全』〔大倉孫兵衛発兌、1887年〕）。同書は、井上・前掲注第1章12・529頁に掲載）。この規定は、その後の改正所得税法でも受け継がれ、分類所得税が採用された1940年（昭和15年）改正においても、分類所得税（5000円以下の所得）について「乙種ノ事業所得中営利ヲ目的トスル継続的行為ヨリ生ジタルニ非ザル一時ノ所得」は非課税（11条6号）とされ、総合所得税（5000円超の所得）についても同様に「営利ヲ目的トスル継続的行為ヨリ生ジタルニ非ザル一時ノ所得」は非課税（29条）とされていました（昭和15年法律第24号）。

＊26　昭和22年法律第27号。

＊27　昭和22年法律第142号。

＊28　木山泰嗣『教養としての「税法」入門』（日本実業出版社、2017年）224〜226頁。

■所得源泉性とは?

もっとも、反復・継続性のある所得と、一時的・偶発的な所得とを比べると、前者は恒常的に得られる所得であるのに対し、後者にはそのような恒常性がありません。

こうした恒常性のことを講学上「**所得源泉性**」といいます。この言葉を使えば、前者には所得源泉性があるのに対し、後者にはこれがないことになります。そこで、所得源泉性(反復・継続性)のあるものに限って所得ととらえる考え方(**制限的所得概念**)を「**所得源泉説**」といいます。所得源泉説が唱えられた理由は、人の経済活動は反復的であり、その欲望も反復的であるため、これを満足させる所得も反復性が本質的要素になる、というものでした(**反復継続説**)[*29]。

所得源泉性のない一時的・偶発的な所得は、担税力も低くなります。包括的所得概念の下で、所得源泉性の有無にかかわらず「所得」ととらえて課税をする仕組みに変えた日本の所得税法も、このように担税力が低い点を考慮し、所得源泉性のない一時的・偶発的所得である**一時所得や譲渡所得については、2分の1のみに課税する**こととしています(所得税法22条2項2号)[*30]。

INCOME TAX LAW 3

所得概念を具体的に考える——5つの事例

新たな経済的価値を取得すれば、その原因や理由を問わず、すべて「所得」にあたるとする考え方（包括的所得概念・純資産増加説）は、所得税法を理解するために、とても重要になります。1つひとつの所得税法の制度や仕組みを理解する際に、「これは所得といえるのだろうか？」「所得ではないな」「いや、これは理論的には所得にあたるな」「理論的な所得ではあるのに、課税されないのはなぜだろう？」といった思考の基礎になるからです。

そこで、所得概念をより具体的にイメージしていただくために、いくつかの事例を挙げてみたいと思います。**それぞれの事例ごとに「所得」にあたるといえるかを考えながら、読んでみてください。**

＊29 C. Plehn, "The Concept of Income as Recurrent Consumable Receipts" (1924).（水野・前掲注7・152頁）。

＊30 資産を取得してから譲渡するまでの期間（資産の保有期間）に応じて、これが**5年以内の場合は短期譲渡所得**となり（所得税法33条3項1号）、**5年を超える場合は長期譲渡所得**となります（同項2号）。このうち長期譲渡所得の場合には、総所得金額を計算する際に、譲渡所得の金額の2分の1のみを算入することとされています（同法22条2項2号）。

■事例1──会社から給与をもらった場合

まず、わかりやすい例から挙げましょう。会社に勤務して年収600万円を得たAさんには所得があるでしょうか。

答えは、イエスです。給与として600万円の支払を受けることで、これまでなかった600万円という、新たな経済的価値を得ているからです。

もっとも、600万円を得るために自腹で負担した経費もあるかもしれません。これらを含めて、給与所得の場合は**給与所得控除額**という控除があります（所得税法28条2項、3項）。そこで、実際には収入金額（600万円）から給与所得控除額（174万円）を控除した残額（426万円）が、給与所得の金額になります。[*31]

■事例2──会社から給与をもらって、かつ馬券が当たった場合

会社員のAさんが、会社からもらった年収600万円のほかに、趣味の競馬で年間200万円の払戻金を得ていた場合（2万円で購入した馬券が当たって200万円の払戻金を得たとします）、これも所得になるでしょうか。

競馬の馬券の払戻金は、毎月会社から支給される給与と異なり一時的なもので、反復・継続性はありません。また、馬券を購入すれば必ず得られるものではなく、利益が得られるかは偶

発的といえます。しかし、馬券を購入したことで200万円を得た以上、馬券の購入代金を控除した残額については、新たな経済的価値の取得があったといえます。

そして、Aさんが馬券の当選によって得た払戻金（200万円）は一時所得にあたります。[*32] 制限的所得概念であれば、一時所得は所得にあたりません。しかし、**包括的所得概念を採用する日本の所得税法の下では、一時所得も所得にあたる**ことになります。

もっとも、一時所得については、収入（総収入金額）から「その収入を得るために支出した金額（支出金額）」と特別控除額（50万円）を引いて、一時所得の金額を計算するとされています（所得税法34条2項、3項）。したがって、「総収入金額（200万円）－支出金額（2万

＊31 給与所得の金額はその年分の収入金額から給与所得控除額を控除して計算します（所得税法28条2項）。詳細は第5章でお話ししますが、この給与所得控除額は、**概算控除**といって収入金額に応じていくら控除できるかを所得税法が定めています。収入金額が600万円の場合は、「収入金額が360万円を超え660万円以下である場合」にあたり、「126万円と当該収入金額から360万円を控除した金額の100分の20に相当する金額との合計額」との規定に基づき計算された額が、給与所得控除額になります（同条3項3号）。

＊32 競馬の馬券の払戻金は、常連であっても競馬愛好家として趣味で楽しむものである限り、原則として一時所得にあたると解されています（所得税基本通達34－1（2））。最高裁は、そうではない大量網羅的に購入を続け利益を得ていた事案で、例外的に雑所得にあたると判示していますが、原則として一時所得にあたることを前提にしています（最高裁平成27年3月10日第三小法廷判決・刑集69巻2号434頁、最高裁平成29年12月15日第二小法廷判決・民集71巻10号2235頁）。

円）－特別控除額（50万円）＝148万円」が、一時所得の金額になります。

また、総所得金額には、一時所得の金額の2分の1のみを算入するとされているため（**2分の1課税**。同法22条2項2号）、この半分（2分の1）である74万円と先ほどの給与所得の金額（426万円）を合計した500万円がAさんの総所得金額になります。

■事例3――土地の贈与を受けた場合

Aさんはお父さんから、生前に土地（時価1億円）の贈与を受けたとします。この場合、これまでの例と異なり、お金（金銭）ではなく、土地という物を取得したことになるのですが、[*33]これも所得といえるでしょうか。

これまで「所得とは、新たな経済的価値の取得である」といってきたのは、金銭に限らず経済的価値のあるものを取得すれば所得を得たものと考えられているからです。そこで、時価1億円相当の土地を得たAさんは、1億円の経済的価値を新たに得たことになり、所得があったことになります。もっとも、この所得は、いずれ亡くなれば相続が発生し、遺産を承継することになる父親から得たものです。このような個人から無償で財産を得た場合、相続税の高い超過累進税率を回避することを防止するため、相続税よりも高い超過累進税率の贈与税が、[*34]財産を得た者に課されることになります（相続税法1条の4、2条の2）。そして、贈与税は取得した財産の時価で評価されます（同法22条）。そうすると、1億円相当の土地を得たAさんにはこの時価1億円をベースにした贈与税が課されるにもかかわらず、さらに所得税も課されることになってしまいます（一時的・偶発的な所得なので、一時所得にあたるでしょう）。つまり、同一の財産の所得に対して贈与税と所得税を二重に課すことになります。

こうした**二重課税**を排除するために、**所得税法は所得であっても「個人からの贈与により取得するもの」には所得税を課さない非課税所得を定めています**（所得税法9条1項16号）[*35]。

*33　民法には「この法律において『物』とは、有体物をいう。」（同法85条）として「物」の定義があり、次の条文で「土地及びその定着物は、不動産とする」こと（同法86条1項）、「不動産以外の物は、すべて動産とする」こと（同条2項）が規定されており、不動産が「物」であることが前提とされています。

*34　贈与税と相続税の超過累進税率については、前掲注第1章8を参照。

*35　「同号の趣旨は、相続税又は贈与税の課税対象となる経済的価値に対しては所得税を課さないこととして、同一の経済的価値に対する相続税又は贈与税と所得税との二重課税を排除したものであると解される。」と判示されています（最高裁平成22年7月6日第三小法廷判決・民集64巻5号1277頁）。なお、アメリカの内国歳入法典にも「総所得には、贈与、遺贈、相続により得た財産は含まれない（Gross income does not include the value of property acquired by gift, bequest, devise, or inheritance.）」との規定があります（I.R.C.§102(a)）。アメリカでは、贈与・遺贈については、贈与者・遺贈者（の遺産）に贈与税・遺産税が課されるため、二重課税を排除するための規定であると理解されています（金子宏「ボーリス・ビトカーの『包括的課税ベース』批判論の検討」同・前掲注9・130頁）。他方で、相続や贈与は家族間における財産の移転に過ぎず、「新たな」経済的価値の取得ではない（つまり、そもそも所得にあたらない）と考えられているため、所得税が課されないとの説明もあります（水野・前掲注7・170～171頁参照）。

Aさんがお父さんから贈与を受けた土地は「個人からの贈与により取得するもの」に該当します。そこで、理論的には所得なのですが、お父さんからもらった1億円相当の土地には、所得税は課されないのです。

■事例4―会社から書籍と通勤手当の支給を受けた場合

Aさんが会社から仕事に必要な最新の知識が掲載された書籍（1944円〈消費税込み〉）を支給されたとします。また、Aさんは自宅から会社まで電車で通勤をするための費用として、通勤手当（定期券相当額）の支給を受けています。これらは所得になるのでしょうか。

そろそろ慣れてきたでしょうか。結論からいうと、書籍も通勤手当も所得にあたります。書籍については自分で購入すれば1944円支払う必要がある物（1944円相当の経済的価値のある物）を無償でもらったのですから、新たな経済的価値を取得したといえます。

また、通勤手当も会社に勤務するために必要なものですが、新たに定期券相当額の金銭がAさんの口座に振り込まれているので、経済的価値を得たといえます。こうした勤務先から給与以外に得る追加的支給（フリンジ・ベネフィット）は、給与と同様に給与所得に該当することになります（所得税法28条1項）[*36]。もっとも、**通常かかる通勤手当や、仕事に必要な現物給付については非課税になる**との規定があります（同法9条1項5号、6号）。したがって、理論的には所得にあたるのですが、現実には所得税は課税されないことになります。

■事例5―借金を免除してもらった場合

ギャンブルなどの浪費癖があるAさんは、友人Bから繰り返し小出しにお金を借りていました。合計300万円に積もった借金について、Aさんに2人目の子どもが生まれた際に、太っ腹のBさんは「どうせ返せないだろうから」と借金を免除してくれました。これを法律的には**債務免除（債権放棄）**といいます[*37]。本来、返すべきだった300万円の借金を返済しなくてよくなったAさんには、果たして所得があるといえるでしょうか。

これまでの事例に比べると少しむずかしいかもしれませんが、これが序章で紹介した債務免除益の問題です。金銭債務（借金など）の免除を受けると、その免除を受けた人は本来返す必要があったお金を返す必要がなくなります。また、債務の消滅により負債がなくなり、純資産が増加します。そこで、**免除された債務額相当の経済的価値を得たと考え、これも所得にあたると考えられています**（債務免除益[*38]）。

＊36　アメリカの内国歳入法典は、「フリンジ・ベネフィット（fringe benefits）」を「総所得（gross income）」にあたる例示の1つとして明文で挙げています（I.R.C.§61（a）（1））。

＊37　債務免除については、民法に「債権者が債務者に対して債務を免除する意思を表示したときは、その債権は、消滅する。」と規定されています（同法519条）。

INCOME TAX LAW 4

所得概念を考える際の視点

理論的な所得概念の説明だけではイメージがしにくいのではないかと考え、Aさんの事例で「所得」にあたるかどうかを具体的に考えてみました。具体的にイメージすることができたでしょうか。

ポイントを整理すると、「所得」があるかどうかを判断するためには、3つの視点があります。

■経済的価値の取得があれば「所得」になる

1つめは、金銭に限らず、物や利益でもよく、**経済的価値の取得**があれば所得になるということです。

ここで注意すべきは、所得金額を計算する際の収入金額（又は総収入金額[*39]）が、金銭ではない「物」「権利」「経済的な利益」の場合に、「取得（又は……享受）……する**時**における**価額**」、つまり**時価による**と規定されている点です（詳細は第6章を参照[*40]）。

■利益がゼロかマイナスの場合は「所得」にならない

2つめは、新たな経済的価値である必要があるため、**投下した資本部分は除外し、残額（利益）がある**場合に所得があると考えるということです。

この点は事例には挙げませんでしたが、たとえば、AさんがCさんから時価1億円の土地を1億円支払って購入した場合には、所得にはなりません。1億円相当の経済的価値のある土地

*38 債務免除益が所得になることの理論的な説明としては、2つの考え方があります。1つは「借入金アプローチ」で、もう1つは「純資産アプローチ」です（詳細は、藤間大順「債務免除益課税の基礎理論―事業再生税制の『資力喪失要件』に対する解釈を中心として―（上）」青山ビジネスロー・レビュー6巻1号（２０１７年）76～95頁を参照）。判例も債務免除益が所得にあたることを前提に、その所得区分の争いを判断しています（最高裁平成27年10月8日第一小法廷判決・前掲注序章21等）。なお、アメリカの内国歳入法典は、「債務免除益（Income from discharge of indebtedness）」を「総所得」の例示として挙げています（I.R.C. § 61 (a) (12)）。

*39 所得金額の計算については、1年で得たその所得区分における収入の合計額を「収入金額」という場合と「総収入金額」という場合がありますが、収入の合計額を指す点では同じです。

*40 所得税法36条1項に「その年分の各種所得の金額の計算上収入金額とすべき金額又は総収入金額に算入すべき金額は、別段の定めがあるものを除き、その年において収入すべき金額（金銭以外の物又は権利その他経済的な利益をもつて収入する場合には、その金銭以外の物又は権利その他経済的な利益の価額）とする。」と規定され、同条2項では「前項の金銭以外の物又は権利その他経済的な利益の価額は、当該物若しくは権利を取得し、又は当該利益を享受する時における価額とする。」と規定されています。

（物）を得たとしても、それに見合う1億円（代金）の負担をしているからです。

つまり、**適正価格による売買で購入した財産は「所得」にあたらない**、ということです。プラス・マイナス・ゼロ（1億円－1億円＝0）であり、新たな経済的価値の取得はないと考えるのです。

■一時的・偶発的、違法な利得も「所得」にあたる

3つめは、新たな経済的価値を取得すればよく、その**原因や理由は問わない**点です。つまり、**一時的・偶発的な利得でも所得にあたる**、ということです（包括的所得概念）。

この3つめの視点から、さらに論点として問題になる**「違法所得」でも所得になる**、という結論が導かれます。

最高裁も利息制限法に違反して個人事業主が超過利息（違法な利息）を得ていた事案で、現実に収受した利息については、所得にあたると判断しています（最高裁昭和46年11月19日第三小法廷判決・民集25巻8号1120頁）。

この違法所得については、所得概念とは別に、いつ課税されるかという所得の年度帰属の問題もあるのですが[*41]、この点は後述します（第6章参照）。

INCOME TAX LAW 5

判例・裁判例から読み解く包括的所得概念

所得概念について、理論的な考え方を整理し、具体的な事例のもとで「所得」にあたるかをみてきました。本章の冒頭で述べたように、このような所得概念について定義された規定は、日本の所得税法にはありません。しかし、以上のような包括的所得概念を現行の所得税法が採用していることは、すでに述べたように、条文の規定ぶりからも沿革からも明らかです。

最高裁も「所得税は経済的な利得を対象とするものであるから、究極的には実現された収支によってもたらされる所得について課税するのが基本原則」であると判示しています。[*42]

裁判例をみても、次のように判示されており、日本の所得税法が包括的所得概念を採用していることについては、解釈論としても争いはありません。

＊41　違法な利得であり、請求されれば法律上返還しなければならないものなのに（民法703条、704条）、権利が確定しているといえるのかという問題があります。

＊42　最高裁昭和49年3月8日第二小法廷判決・民集28巻2号186頁。

■包括的所得概念の採用を明示した裁判例

たとえば、①静岡地裁昭和50年10月28日判決・訟月21巻13号2803頁は、次のように詳細な判示をしています。

「法は、課税対象たる『所得』の定義を下していないので『所得』の意義は専ら法の他の規定およびその他の法令の解釈からこれを確定するほかはない。

……規定形式および所得課税の目的からすると、法は、『所得』を『一定期間における各人の勤労や資産等より生ずる継続的な収入からこれを得るに必要な経費を控除した残額』というような所得源泉を限定した意味に用いているのではなく、広く資産の譲渡により実現された経済的利益賞金や競輪競馬等の投票券の払戻し金等の一時的・偶発的な経済的利益、その他いやしくも各人に帰属した経済的利益をすべて包含する意味に用いており、しかも法およびその他の法令において多種の非課税所得が挙示されているところからして、結局、法は、各人に発生帰属した経済的利益のすべてを『所得』として把握し、法およびその他の法令において明らかに非課税とする趣旨がない限り、その発生原因または法律関係のいかんを問わず、すべてこれを『課税所得』としているものと解すべきである。」

また、②京都地裁昭和53年3月17日判決・訟月24巻8号1660頁は、次のように判示しています。

「……法は経済的にみて納税義務者各人につき、その利用処分が自由な価値増加が発生した場合、このような利益のすべてを『所得』とし、法令上明らかに非課税とする趣旨が規定されていない限りこれを課税対象とするものとしていると解される。」

さらに、③神戸地裁昭和59年3月21日判決・訟月30巻8号1485頁も、次のように判示しています。

「……現行の所得税法は、課税の対象となる所得を取得した経済上の成果（利得）としてとらえ、一定期間内における純資産の増加をすべて所得とみる一方、担税力が薄弱であることもしくは徴税上、公益上又は政策上の理由から非課税所得を定め（同法九ないし一一条）、租税特別措置法その他の法令により所得控除、特別税額控除等の課税除外所得を定めている。従って、このような税制の趣旨に照らすと、純資産の増加は、法令上それを明らかに非課税とする趣旨が規定されていない限りは、課税の対象とされるものと解すべき（である）」

④那覇地裁平成6年12月14日判決・判時1541号72頁も、次のように判示しています。

「所得税法にいう所得とは、各人が収入等の形で新たに取得する経済的価値、すなわち経済的利得を意味し、これは、財貨の譲渡もしくは役務の提供の対価である収入（収益）から、財貨の譲渡もしくは役務の提供に要した必要経費（費用）を控除したものである。」

INCOME TAX LAW 6

所得概念をめぐる3つの論点
——違法所得、帰属所得、未実現の所得

このような包括的所得概念を採用している日本の所得税法の下で、所得をめぐる法学上の論点が3つあります。

■「違法所得」に関する論点

1つめの論点は、先ほど述べた「**違法所得**（illegal income）」です。違法所得については、アメリカの連邦最高裁判所でも「所得」であると判示されています。[*43] 日本の最高裁でも、利息制限法違反の超過利息（違法所得）について所得にあたると判示されています。[*44]

課税実務では、かつて、1969年（昭和44年）以前は窃盗犯や強盗犯が得た財物について

*43 「納税者が違法に横領し、着服していた金員については、たとえ本人がそれを適法か違法か、また、その金員について返還義務があると認識していたか否かにかかわらず、1939年の内国歳入法22条（a）及び1954年改正後の内国歳入法61条（a）の規定に基づき、何らの規制なく処分可能となった段階で所得を構成することになる」という判示でした（James v. United States, 366 U.S. 213 (1961)）。川田・前掲注11・5～11頁参照。

は、所得税が課されないとの通達の規定がありました[*45]。（1）窃盗や強盗は所有権の返還義務を負うため課税されず、（2）詐欺・強迫は取り消されるまで有効なので課税され、（3）賭博収入は返還義務がないので課税される[*46]、という理解でした。

しかし、所得を得た理由や原因を問わない包括的所得概念の考え方からすると、違法所得も所得であると考えるのが整合的です。確かに、この（1）～（3）の従来における課税実務の取扱いは、私法（民法）上の法律関係を重視する考え方で、1つの理屈ではあります。

とはいえ、所得が経済的な概念である以上、経済的価値を事実上得ているといえれば、所得があったと考えられ、課税されることになるはずです。

違法所得に所得税を課すことについては、そもそも反対の考え方もあります。犯罪行為を助長するような考え方はすべきでないとの考えですが、日本の所得税法では、違法所得は所得にあたらない（違法所得には所得税を課さない）との規定はありません。

この点からも、理論的な所得にあたり、非課税規定（非課税所得）にも該当しない以上、所得にあたると考えるのが筋でしょう。公平論からみても、理由や原因により理論的には所得を得ているのに課税される場合とされない場合に分けられるという解釈は、明文規定がない以上、むずかしいでしょう[*47]。少なくとも、判例・通説はそのように考えています。

最高裁も「税法の見地においては、課税の原因となつた行為が、厳密な法令の解釈適用の見地から、客観的評価において不適法、無効とされるかどうかは問題でなく、税法の見地からは、課税の原因となつた行為が関係当事者の間で有効のものとして取り扱われ、これにより、現実に課税の要件事実がみたされていると認められる場合であるかぎり、右行為が有効であること

＊44　「課税の対象となるべき所得を構成するか否かは、必ずしも、その法律的性質いかんによつて決せられるものではない。……貸主は、いつたん制限超過の利息・損害金を収受しても、法律上これを自己に保有しえないことがありうるが、そのことの故をもつて、現実に収受された超過部分が課税の対象となりえないものと解することはできない。」と判示されています（最高裁昭和46年11月9日第三小法廷判決・民集25巻8号1120頁）。

＊45　「窃盗、強盗、横領、詐欺、強迫等による収得物の課税については、次によるものとする」とあり、「（1）窃盗、強盗又は横領により取得した財物については、所得税を課さない」こと、「（2）詐欺又は強迫により取得した財物は、一応所有権が移転するものであるから、当該財物から生ずる所得については、その内容に応じ、一時所得、事業所得等として課税する」こと、「（3）賭博による収入は一時所得とする」ことが規定されていました（昭和26年の所得税基本通達148）。また、（2）と（3）については、それぞれただし書があり、（2）では「但し、後日、裁判又は契約の解除により被害者に復帰した場合は、更正をするものとする。」と、（3）では「但し、後日、刑事裁判により没収された場合は、更正するものとする。」と規定されていました（同）。この通達は、1969年（昭和44年）に廃止されました。

＊46　「不法原因給付」といって、民法には「不法な原因のために給付をした者は、その給付したものの返還を請求することができない。」（同法708条本文）という規定があります。

＊47　金子宏「租税法における所得概念の構成」同・前掲注9・93～112頁、同「テラ銭と所得税―所得の意義、その他所得税法の解釈をめぐって―」同『租税法理論の形成と解明　上巻』（有斐閣、2010年）435～438頁参照。

を前提として租税を賦課徴収することは何等妨げられないものと解すべきである。たとえば、……売買が民商法の厳密な解釈、適用上無効とされ、或いは物価統制令の見地から不適法とされる場合でも、当事者間で有効として取り扱われ、代金が授受され、現実に所得が生じていると認められるかぎり、右売買が有効であることを前提として所得税を賦課することは何等違法ではない。」と判示しています。

このように、私法上無効・不適法な場合でも、最高裁は所得にあたるとしています。[*48] また、利息制限法違反の超過利息の収受についても所得にあたるとしており、[*49] 最高裁が違法所得も所得であると考えていることがわかります。

課税実務においても、現在は「法第36条第1項に規定する『収入金額とすべき金額』又は『総収入金額に算入すべき金額』は、その収入の基因となった行為が適法であるかどうかを問わない。」という取扱いがなされています（所得税基本通達36－1）。

■「帰属所得」に関する論点

2つめの論点は、「**帰属所得**（imputed income）」です。帰属所得とは、自己の財産や労働から得られる利益のことです。「**市場を経ない所得**」といわれることもあります。

具体的には、①**帰属賃金**、②**帰属家賃**、③**帰属収益**（**自家消費**）があります。

①帰属賃金は、たとえば専業主婦の労働を金銭に評価するもので、外部のお手伝いに依頼す

れば支払うべき料金を免れた分だけの利益が夫には生じるとするものです。家事労働を評価し、支出すべきものを家庭内で済ましているので、市場で調達すれば支払うべきはずの賃金分の利益を得ているのだと考えるのです。

②帰属家賃は、たとえばマンションの所有者は賃料を支払う必要がありませんが、もし賃貸物件に居住していたとすれば支払うべき賃料を毎月免れており、その賃料相当額の利益を得ていると考えるものです。

③帰属収益（自家消費）は、個人事業主がたな卸資産（商品等）を自分や家族のために使い消費した場合、無料で使えますが、市場で調達した場合には時価相当額を支払う必要があったはずなので、その時価相当額の利益を得たと考えるものです。

これらを所得と考えることには、違和感があったかもしれません。①帰属賃金、②帰属家賃、③帰属収益のいずれについても、「新たな経済的価値の取得」はあるため、理論的には所得に

＊48　最高裁昭和38年10月29日第三小法廷判決・訟月9巻12号1373頁。

＊49　横浜地裁平成10年7月22日判決・税資237号806頁も「所得税法の規定形式、内容等からすると、所得税法は、人の担税力を増加させる利得は、その源泉の如何、形式の如河〔原文のママ〕、合法性の有無を問わず、すべて所得として把握するものとし、法令等において非課税とする趣旨の規定がない限り、これを課税の対象としているものと解するのが相当である。」と判示しています。

あたるといわざるを得ません。

しかし、これらに課税することは国民感情から納得を得難いものですし、「どのように、その価額を評価すべきか」という困難な問題も生じます。また、日本の所得税法では「収入」という形を通じて得た所得に課税する仕組みを採用しています（所得税法36条1項）。

そこで、帰属所得については、所得ではあるものの、「収入」とはいえないため、原則として課税されないと解されています。例外的に、帰属所得にも課税するとの明文規定がある場合にのみ課税されることになります。実際に、自家消費については所得税法に明文規定があり、たな卸資産*50を自家消費した場合には、その個人事業主の事業所得の金額の計算をする際、時価相当額を総収入金額に算入しなければなりません（所得税法39条）。たとえば、歯科医が娘に矯正装置（時価10万円）を装着した場合、娘から10万円を徴収していないとしても、10万円の収入があったものとして課税される、ということです。

農作物についても、収穫時点の農作物価額（生産者販売価額）が総収入金額に算入されます（同法41条、同法施行令88条）。収穫時に所得が実現したという考え（収穫主義）で、自家消費も含まれています。たとえば、農業を営む者が家族でキャベツ、さつま芋《いも》、苺《いちご》、バナナを食べた場合、現実には収入はないのですが、収穫時に所得が実現したものとして課税されます。

このように、帰属所得は、現実の収入はないものの、経済的価値の観点からみて収入があったものと考える（想定する）ものであるため、「**想定所得**」といわれることもあります。

「未実現の所得」に関する論点

3つめの論点は、「**未実現の所得**（unrealized income）」です。第5章でお話しする**譲渡所得**に関係するものですが、**資産の含み益**（**キャピタル・ゲイン**）をどうとらえるか、という問題です。

たとえば、3000万円で購入した土地を現在も所有しているAさんに所得はあるのでしょうか。

この土地を7000万円で売却した場合には、代金7000万円を手にするので、差額（7000万円－3000万円＝4000万円）について利益（新たな経済的価値）を取得したというのは、わかると思います。

しかし、**売却せずに所有しているだけでも、理論的にはAさんに所得は発生するのです。**

それは、時価（市場価格）と取得価額（簿価）との間に差額（利益）が生じている場合です。

たとえば、この土地の時価が現在5000万円である場合、Aさんは3000万円で購入した土地を所有しているだけでも、差額の2000万円について、新たな経済的価値を取得して

＊50　たな卸資産とは「事業所得を生ずべき事業に係る商品、製品、半製品、仕掛品、原材料その他の資産（有価証券及び山林を除く。）で棚卸しをすべきものとして政令で定めるもの」のことです（所得税法2条1項16号）。

いるといえます。これが「キャピタル・ゲイン（含み益＝値上り益）」です。

しかし、このように含み益が生じているだけの段階では、所得税法は譲渡所得としての課税をしないものとしています。あくまで、所有していた資産を手放して、他者にその資産が移転したときに初めて、このキャピタル・ゲインを譲渡所得として清算して課税することになります（**増加益清算課税説**。詳細は第5章参照）。

この点から、資産を所有している段階で含み益が生じたに過ぎない場合の利益（所得）を、「未実現の所得」と呼び、**所得ではあるけれど、未だ「実現（realization）」（顕在化）していない**ため、譲渡所得としての課税はしないのです。

INCOME TAX LAW 7

所得であっても課税されないもの——非課税所得の例

所得にあたる場合でも、法律が定める「**非課税所得**」にあたる場合には、所得税は課されません。非課税所得は、所得税法9条で詳細に定められているほか、宝くじの当選金を非課税とする規定を定めた法律もあります。「**当せん金付証票法**[*51]」という法律です。

■宝くじの当選金

後者を先に説明すると、宝くじで1億円当選した場合、新たな経済的価値を取得したことになりますので（もちろん、宝くじの購入代金を控除した残額の利益部分です）、所得を得たことになります。そうすると、明文による非課税規定がない限りは、所得税が課されるはずです（馬券の払戻金のように一時所得になるでしょう）。

＊51　昭和23年法律第144号。「当せん金付証票」とは、「その売得金の中から、くじびきにより購買者に当せん金品を支払い、又は交付する証票」のことです（当せん金付証票法2条1項）。

しかし、当せん金付証票法により「当せん金付証票の当せん金品については、所得税を課さない。」と規定されているので（同法13条）、所得税は課されないのです（非課税所得）。つまり、**宝くじの当選金は、理論的には所得にあたるものの、現実には法律が明文で定める非課税所得にあたるため課税はされない**、ということです。[*52]

所得税法9条が定める非課税所得には、通勤手当、生活用動産の譲渡[*53]、スポーツ・学術・文化等での功労者に支給される金品、学資に充てるため給付される金品、相続や個人からの贈与により取得するものなどがあります。これらの所得が非課税とされる理由はさまざまです。具体的にみていきましょう。

■ 通勤手当や旅費手当

たとえば、勤務先から支給される給与以外の追加的給付（フリンジ・ベネフィット）としての、通勤手当（所得税法9条1項5号）、出張・転任等の旅費手当（同条1項4号）、また制服の支給など職務上の性質上欠くことができない金銭以外の物（同条1項6号）は、いずれも新たな経済的価値の取得であり、所得にあたります。そのため、本来は、給与所得として課税されるはずのものと考えられます。[*54] しかし、ここに挙げられたような**現物給付**（compensation in kind）は、職務の遂行のために必要なもので、従業員の側にはその利益を得るか否かについて選択の余地がないものであることが通常です。

また、事業所得者と異なり、**給与所得者には実額での必要経費の控除が認められていません。**交通費などの実費弁償としての側面を有する支給については、実額控除がある事業所得の場合は、たとえばクライアントから受領した交通費3万円を総収入金額に算入したうえで、必要経費に同額（3万円）を算入すれば、「3万円（総収入金額）－3万円（必要経費）＝0円（事業所得の金額）」となり、所得税は課されません。

これが給与所得者の場合には原則として実額控除が認められていないため、実費弁償としての手当であっても、収入金額に通勤手当3万円を算入してしまうと、同額を控除できないため、

＊52 宝くじの当選金が非課税とされているのは、公共事業等に使用される部分が4割あるため、さらに課税をする必要はないと考えられているからです。宝くじは、販売総額のうち、賞金や経費などを除いた約4割が収益金として、発売元の全国都道府県及び20指定都市へ納められ、高齢化少子化対策、防災対策、公園整備、教育及び社会福祉施設の建設改修などに使われています（宝くじ公式サイト「収益金の使い道と社会貢献広報」参照）。

＊53 動産の定義については、前掲注33を参照。

＊54 通勤手当が給与所得にあたるとした最高裁判決があります（最高裁昭和37年8月10日第二小法廷判決・民集16巻8号1749頁）。「勤労者が勤労者たる地位にもとづいて使用者から受ける給付は、すべて右9条5号〔現行所得税法28条1項〕にいう給与所得を構成する収入と解すべく、通勤定期券またはその購入代金の支給をもつて給与でないと解すべき根拠はない。」という判示でした。そのため、非課税規定（所得税法9条1項5号）がなければ、給与所得として課税されるべきものと理解されています。

給与所得の金額は「3万円（収入金額）－0円（実額控除なし）＝3万円」となり、3万円（通勤手当）に課税されてしまいます。

そこで、「一般の通勤者につき通常必要であると認められる部分として政令で定めるもの」であれば、[*55]「通勤手当」などを給与所得の収入金額には算入しないという、非課税規定が定められているのです。ここで重要なことは、**非課税規定により非課税所得となるものは、その所得区分の収入金額（または総収入金額）に算入されない**、ということです。

■生活用動産を譲渡して得た代金

生活用動産の譲渡をして得た代金がある場合でも、本来は「資産の譲渡……による所得」（所得税法33条1項）として譲渡所得にあたります。しかし、生活をするために所有していた動産を売却する場合には、担税力が乏しいといわざるを得ません。

そこで、これには課税しないとの規定が設けられています（同法9条1項9号）。資力を喪失して債務を弁済することが著しく困難な場合に税の滞納があり強制換価（公売）がされた場合も、本来は「資産の譲渡……による所得」として譲渡所得課税がされるはずですが、非課税とされています（同条1項10号）。この場合、売却代金はすべて国税の徴収にあてられるに過ぎず、担税力を見出すことができないからです。

■ノーベル賞やオリンピックなどの功労者に支給される金品

政策的に、スポーツや文化・学術を奨励する趣旨を阻害しないように、文化功労者年金法（昭和26年法律第125号）3条1項の規定により支給される年金や、ノーベル賞としてノーベル基金から交付される金品、オリンピックやパラリンピックで特に優秀な成績を収めた者を表彰するために支払われる金品等についても、所得に該当しますが非課税とされています（所得税法9条1項13号、14号）。

■子どものために親が負担する学費など

学資に充《あ》てるため給付される金品や扶養義務者相互間における扶養義務履行のために給付される金品についても、新たな経済的価値を取得するもので所得にあたりますが、担税力は低いため、非課税所得とされています（同法9条1項15号）。親が子どもの大学の入学金や授業料を負担する場合が典型例です。ただし、学資に充てるため給付される金品については、「給与その他対価の性質を有するもの」を非課税所得から除外する規定（除外規定）があります。こ

＊55 「政令で定めるもの」は、所得税法施行令20条の2に規定されています。

の点については、次のように判示した裁判例があります。[*56]

「……所得税法は、課税対象としての給与所得につき極めて包括的な定義規定を設け、退職所得を除き、原則として、勤務関係ないし雇用関係に由来するすべての金銭的給付又は経済的価値の給付を包含するものとしている（略）のであるから、それから除外されるべき学資に充てるための給付、つまり給与その他の対価の性質を有しない学資に充てるために給付される金品とは、勤務の対価ではなくして、会社が購入した新規機械設備を操作する技術を習得させるための授業料のごとく客観的にみて使用者の事業の遂行に直接必要があるものであり、かつ、その事業遂行の過程において費消されるべき給付を指すものと解するのが相当である。」

■相続、遺贈、贈与により取得したもの

相続や遺贈または個人からの贈与により取得するものも、非課税所得とされています（同条1項16号）。相続・遺贈により取得するものには、相続税が課されます（相続税法1条の3、2条）。また、個人からの贈与により取得するものには、贈与税が課されます（同法1条の4、2条の2）。しかし、同じ経済的価値の取得に対し、相続税または贈与税を課し、さらに所得税も課すとなれば、二重課税になります。

そこで、前者については相続税との二重課税を排除するため、後者については贈与税との二

重課税を排除するために、非課税所得とされているのです。「相続税は、所得税の補完税である」といわれることがあります。相続を原因としていても、所得を得た以上、本来は所得税が課される場面だからです。また、相続税を回避するために生前贈与をすることを防止するために規定されたのが、贈与税でした。この点から、法人から贈与を受けた場合には、贈与税は課されません。法人には相続は発生しないため、法人からの贈与について相続税を回避するための税金を課す必要はないからです。これを踏まえて、非課税規定も「個人からの贈与」になっており、**「法人からの贈与」は非課税所得とはされていません**。法人から贈与を受けても贈与税は課されないため、所得税を課しても二重課税は起きないからです。

こうして法人からの贈与により取得したものには、非課税規定は適用されませんので、所得税が課されることになります。多くの場合は一時所得になると考えられますが、勤務先から贈与を受けた場合には給与所得になることが多いでしょう。[*57]

＊56　東京地裁昭和44年12月25日判決・訟月16巻3号302頁。なお、この除外規定は、現在では「（給与その他対価の性質を有するもの（給与所得を有する者がその使用者から受けるものにあつては、通常の給与に加算して受けるものであつて、次に掲げる場合に該当するもの以外のものを除く。）を除く。）」と規定されており、非課税所得から除外される事由を定めたかっこ書のなかに、さらに除外される事由がかっこ書（網掛け部分）で規定されています（平成28年改正）。所定の要件を満たす「通常の給与に加算して受けるもの」は、非課税の除外事由から除外されるので非課税になる、ということです。とても読みにくい条文ですね。

一定の要件を満たす損害賠償金

損害賠償金についても、すべてではありませんが、一定の要件を満たすものについては非課税所得とされています。具体的には「心身に加えられた損害又は突発的な事故により資産に加えられた損害に基因して取得するものその他の政令で定めるもの」です（所得税法9条1項17号）[*58]。損害賠償金は、被った損失を補填するものですから、そもそも生じた損失（マイナス分）を回復する（プラス・マイナス・ゼロに戻す）に過ぎないことになり、新たな経済的価値の取得はないと考えられます。つまり、損害賠償金は所得ではないと理解することができます。

このような理解に立ち、裁判所は「損害賠償金」という名目で受領した金銭すべてが非課税になるのではなく、客観的にみて損失を補填するものといえる部分に限り非課税所得になるとしています[*59]。この点で、**逸失利益（運用益）**としての性質を有する遅延損害金については、不法行為に基づくものであっても、非課税所得にはあたらないと裁判例は考えています[*60]。

なお、近年の裁判例で、虚偽記載の公表により失われた株式の価値について、非課税になるとした、次の裁判例があります（ライブドア事件）[*61]。

「……X（原告）らは、本件損害賠償金により、その補てんを受けたものであって、本件損害賠償金は、C株式の価値が失われることによってXらが被った損害を回復させたものにすぎず、

＊57　所得税基本通達34－1（5）に「一時所得に該当する」ものの例として、「法人からの贈与により取得する金品（業務に関して受けるもの及び継続的に受けるものを除く。）」が挙げられています。法律ではありませんが、課税実務では、このような理解がなされています。

＊58　「政令で定めるもの」とは、①心身に加えられた損害につき支払を受ける慰謝料その他の損害賠償金、②不法行為その他突発的な事故により資産に加えられた損害につき支払を受ける損害賠償金（業務遂行により生ずべき収入金額に代わる性質を有するものを除く）、③心身または資産に加えられた損害につき支払を受ける相当の見舞金（収入金額に代わる性質を有する物その他役務の対価たる性質を有するものを除く）です（所得税法施行令30条1号～3号）。

＊59　大阪地裁昭和54年5月31日判決・訟月25巻10号2696頁等。「所得税法9条1項21号〔現行法17号〕、同法施行令30条が損害賠償金、見舞金及びこれに類するものを非課税としたわけは、これらの金員が受領者の心身、財産に受けた損害を補填する性格のものであって、原則的には受領者である納税者に利益をもたらさないからである。……当事者間で損害賠償のためと明確に合意されて支払われた場合であっても、損害が客観的になければその支払金は非課税にならないし、また、損害が客観的にあっても非課税になる支払金の範囲は当事者が合意して支払った金額の全額ではなく、客観的に発生し、または発生が見込まれる損害の限度に限られるとしなければならない。」と判示されています。

＊60　福岡高裁平成22年10月12日判決・税資260号順号11530。「遅延損害金は、不法行為その他突発的な事故により資産に加えられた損害に基因して取得した損害賠償金ではなく、履行遅滞による損害賠償金であって、元金の使用による得べかりし利益の喪失、すなわち元金使用の対価としての性質を有するものであるから、所得税法9条1項16号及び法施行令30条2号の規定する非課税所得には該当しない。」と判示されています。

＊61　神戸地裁平成25年12月13日判決・判時2224号31頁。同判決は、Xらに生じた弁護士費用のうち、損害賠償金の5％相当額について相当因果関係のある損害と認められた弁護士費用損害賠償金についても、非課税所得にあたると判示しています。

Xらに担税力のある利得をもたらすものではないから、本件損害賠償金については、正に、所得税法9条1項16号（現行17号）及び令30条が損害賠償金を非課税所得とした趣旨が当てはまるものというべきである。」

■社会保障分野の給付と公的年金

宝くじ以外にも、担税力に配慮し、所得税法以外の法律が非課税を定めているものがあります。具体的には、**失業等給付**（雇用保険法12条）[*62]、**国民健康保険における保険給付**（国民健康保険法68条）[*63]、**生活保護における保護金品**（生活保護法57条）[*64]などです。これらの社会保障給付も、新たな経済的価値を取得しており、所得といえます。しかし、社会保障法のそれぞれの給付の趣旨が阻害されないよう、担税力に配慮して非課税とされているのです。

このような非課税所得をみると、年金にも非課税規定があるのだろうか、と思われるかもしれません。年金も新たな経済的価値の取得といえますから、所得にあたります。「公的年金等」については[*65]、これを非課税とする規定はありませんので、所得区分が定める所得金額の計算方法により計算をすることになります。具体的には、**公的年金等は雑所得**とされており、所得金額の計算は、「**総収入金額－公的年金等控除額**」とされています（所得税法35条2項1号）。

この公的年金等控除額は、65歳未満の場合は70万円まで、65歳以上の場合は１２０万円までは、それぞれ総収入金額と同額とされているため、１００％控除されます（所得税法35条4項、租税特別措置法41条の15の3第1項)。[*66] たとえば、66歳のAさんが1年間で120万円の年金を受領した場合、「120万円(総収入金額)－120万円(公的年金等控除額)＝0円(雑所得の金額)」となりますので、所得税は0円となります。

非課税所得になっているものではありませんが、年金受領者の担税力に配慮し、所定額までは非課税と同じ効果をもたらす公的年金等控除額が定められているのです。[*67]

＊62 雇用保険法(昭和49年法律第116号)では、「失業等給付は、求職者給付、就職促進給付、教育訓練給付及び雇用継続給付とする。」と定義され(同法10条1項)、「租税その他の公課は、失業等給付として支給を受けた金銭を標準として課することができない。」と規定されています(同法12条)。

＊63 国民健康保険法(昭和33年法律第192号)では、「国民健康保険は、被保険者の疾病、負傷、出産又は死亡に関して必要な保険給付を行うものとする。」とされ(同法2条)、「租税その他の公課は、保険給付として支給を受けた金品を標準として、課することができない。」と規定されています(同法68条)。

＊64 生活保護法(昭和25年法律第144号)では、「この法律において『保護金品』とは、保護として給与し、又は貸与される金銭及び物品をいう。」とされ(同法6条3項)、「被保護者は、保護金品を標準として租税その他の公課を課せられることがない。」と規定されています(同法57条)。

＊65 「公的年金等」とは、国民年金法、厚生年金保険法、公務員等の共済組合法などの規定による年金や、過去の勤務により会社などから支払われる年金などです(所得税法35条3項)。

＊66 公的年金等の最低控除額を70万円と定める本法の規定が、措置法により、65歳以上の者が平成17年以後に受ける公的年金等については120万円に修正されています(公的年金等控除の最低控除額等の特例)。

＊67 公的年金等控除額を超える公的年金の支払については、所定金額に満たない場合の例外を除き(所得税法203条の6)、源泉徴収の対象になります(同法203条の2)。

INCOME TAX LAW 8

「担税力」からみた所得
——資産性所得と勤労性所得

以上が、日本の現行法制（所得税法）のもとでの所得概念でした。何を所得ととらえるかは、結局のところ、何に所得税を課すべきか、という政策の問題になります。

日本は包括的所得概念を採用していますが、実際の課税になると、所得区分が定められることにより、所得区分ごとに所得金額の計算方法や課税方法が細かく定められています。

所得を得た原因や性質によって、税を負担する能力（担税力）は異なります。担税力に応じた課税をすることを、「**応能負担の原則**」といいます。公平な課税は、こうして実現されるのです。担税力の視点としては、すでに述べた所得源泉性のある所得か否かという視点のほかに、**資産性所得**か**勤労性所得**かという視点もあります。

資産性所得とは、資産から得られる所得のことです。預貯金から得られる利子（利子所得〈所得税法23条1項〉）や、株式から得られる配当（配当所得〈同法24条1項〉）、所有不動産の貸付から得られる賃料（不動産所得〈同法26条1項〉）などです。

これに対して、勤労性所得とは、会社や官公庁などに勤務して労務や役務を提供することで得られる給料（給与所得〔同法28条1項〕）などのことです。

両者を比較すると、資産性所得は資産を所有しているだけで得られる所得であるのに対し、勤労性所得は働き続けることを前提として得られる所得で、病気や怪我などで労務提供ができなくなると得られなくなる所得です。死亡した場合でも、資産性所得は相続人に継承され利益を得ることができますが、勤労性所得はそこで終わりです（亡くなった旦那さんが生前に勤めていた会社から相続人である奥さんに給料が支払われ続ける、ということはありませんよね）。

そこで、**資産性所得は勤労性所得よりも「担税力」が高いと考えられています。**

しかし、実際には、日本の所得税は政策税制によって、「**資産軽課・勤労重課**」という理論的な担税力の高低とは逆の課税がなされています。[*68]

このように所得の性質に応じて、どのような課税をするかは租税法律主義（憲法84条）の下では、[*69]国の立法政策になります。つまり、国会で所得税法や租税特別措置法などを改正すれば、新たな課税方法を定めることも可能になります。

＊68　たとえば、利子所得は原則として、本法が定める超過累進税率は適用されず、一律15％の源泉分離課税とされています（租税特別措置法3条1項）。また、一般株式等や上場株式等の譲渡所得等の税率は、本法が定める超過累進税率ではなく、他の所得と区分して一律15％とされています（同法37条の10第1項、37条の11第1項）。

INCOME TAX LAW 9

所得税をめぐる、さまざまな試み

——最適課税論、二元的所得税論など

◎国の税収に占める各税目の割合（平成 30 年度予算）

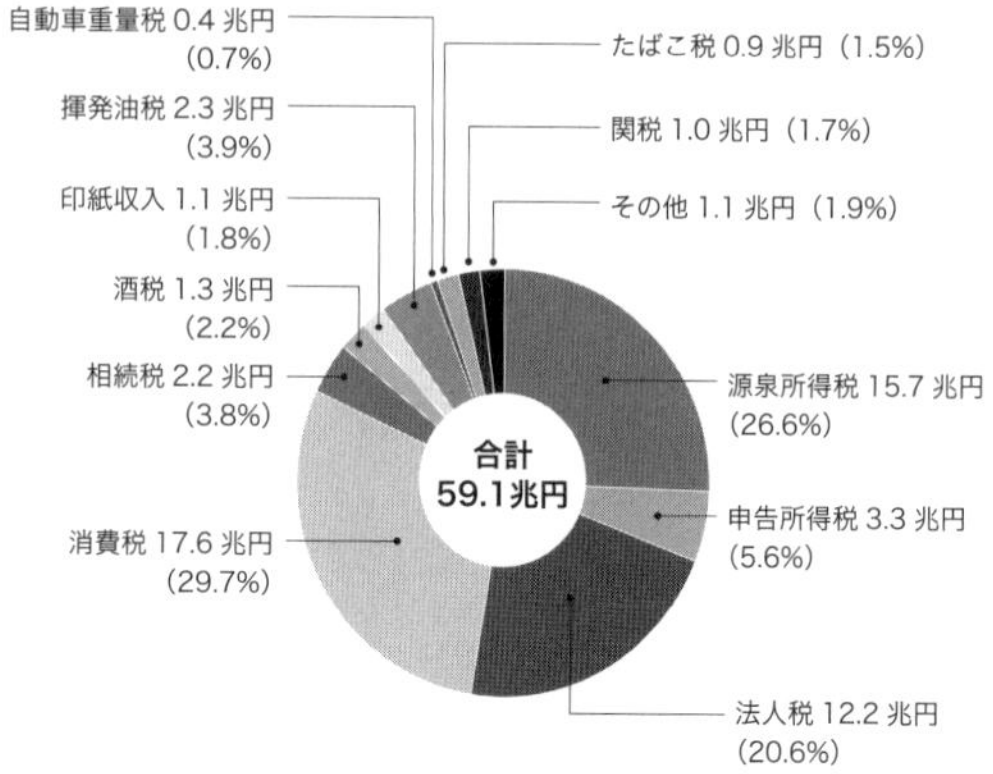

出典：国税庁「国税庁レポート 2018」9頁

所得税は、日本の税収からみても重要です。

上に示した円グラフからわかるように、源泉所得税（約15兆７０００億円）、申告所得税（約3兆３０００億円）を合計した所得税の税収額は約19兆円あり、国家の租税収入（約59兆１０００億円）に占める、その割合は32％に及びます（平成30年度〔２０１８年度〕予算）。

この数字をみるだけでも、所得税が重要な財源であることは明らかでしょう。*70 しかし、今後どのような課税がなされるべきなのかについては、さまざまな議論があるところです。

最適課税論とは？

望ましい課税のあり方を模索し、資産性所得と勤労性所得の区別を重視する考え方があります。「**最適課税論**」という考え方です。最適課税論を述べた論文によれば、「最適課税論は、複数の人々からなる社会の状況の全体としての望ましさについて、何らかの評価尺度（社会厚生関数）を明示した上で、どのような課税が最も望ましい状況（社会厚生関数の最大化）を実現するのか、について効率性と公平性の双方から検討しようとするもの」とされ、「租税政策に対する経済学の典型的なアプローチであり、所得概念は、租税法による租税政策へのアプローチにおいて不可欠な要素である」と述べられています。[*71]

また、第5章で説明する所得区分は、現在10種類あり、複雑になっています。そこで、金融所得課税を一体化すべきとの考え方も主張されています（**金融所得課税の一体化**）。[*72]

＊69　憲法84条には「あらたに租税を課し、又は現行の租税を変更するには、法律又は法律の定める条件によることを必要とする。」と規定されています。これを「**租税法律主義**」といいます。課税をするためには法律の規定が必要になるとの考え方です。主権者である国民（憲法前文・1条）が税金については自ら決めるという民主主義的側面と、法律に規定がなければ課税されないという自由主義的側面の2つがあります。

＊70　国税庁・前掲注序章11参照。

＊71　渡辺智之「最適課税論と所得概念」金子宏編『租税法の発展』（有斐閣、2010年）298頁。

＊72　詳細が論じられたものに、水野・前掲注19があります。

■二元的所得税論とは？

最近では、このような流れのなかで、北欧4国が導入した二元的所得税（Dual Income Tax. DIT）が注目されることがあります。二元的所得税とは、デンマークのソレンセン（P. B. Srensen）が提唱したもので、[*73] 資本所得（金融資産性所得）と勤労性所得を分けて課税する考え方です（**二元的所得税論**）。資本所得（金融資産性所得）には分離比例税率で軽く課税をし、残りの所得である勤労性所得には累進税率で重い課税をするものです。

こうした二元的所得税を導入したのは、デンマーク（1987年、1994年改正）、スウェーデン（1991年）、ノルウェー（1992年）、フィンランド（1993年）の北欧4国です。この二元論では、勤労性所得が所得税の主役になるという考え方が根底にあると指摘されていますが、導入された背景が日本とは異なることも同時に指摘されています。[*74]

なお、所得概念をめぐる考え方の対立は新しい議論ではありませんが、消費型所得概念をつきつめると、所得税というより、今重要な税目として着目されている消費税に行き着くと考えることもできます。[*75] 消費されたもののみが所得であると考えることは、消費に課税することを意味するからです。

日本の場合は、所得税（法人税）と消費税を別の税目として設け、タックス・ミックスによる課税を行っていますので重複の問題は生じませんが、アメリカでは連邦レベルで消費税（付加価値税）を導入するためには、憲法改正が必要であるとも考えられており、所得税か消費税かという議論もあります。[*76] この点を、最後に補足しておきたいと思います。

分量を割きましたが、所得概念については以上です。所得概念は、「課税要件法の研究において最も重要な問題の一つ」であると、所得概念の研究について優れた業績のある税法学者（金子宏）がいうように、[*77] 所得税法を学ぶにあたって基本であり、広がりのある重要なテーマです。**初めて所得税法を概観する方は、ここに挙げた複数の事例を中心に、日常生活でどのようなものが「所得」にあたるのかを考えていただけると、基本が身につきます。**少しむずかしいと思われた方も、このまま読み進めていただいて問題ありません（特に、経済学の所得概念の変遷は飛ばしても、包括的所得概念を押さえれば十分です）。さまざまな具体例を何度もみるう

＊73 P. B. Srensen. The Nordic Dual Income Tax-In or Out? (2001).

＊74 馬場義久「二元的所得税とは何か―理論的特徴・実際・含意―」税研103号（2002年）16頁。

＊75 この観点から「所得税と消費税のどちらが正しいのか」についてわかりやすく解説したものに、伊藤恭彦「タックス・ジャスティス入門　V」税務弘報66巻5号（2018年）132頁があります。

＊76 この点について詳述されたものに、藤谷武史「所得税の理論的根拠の再検討」金子宏編『租税法の基本問題』（有斐閣、2007年）272頁があります。

＊77 金子・前掲注9・161頁。

ちに、所得概念の輪郭が少しずつみえてくると思います。

次章では、このような所得が、だれに帰属するのかを解説します。少し視点が変わります。「所得概念はもう満腹です」という方も、所得概念のことは一旦忘れて、所得が帰属する「人」の問題を一緒に考えてみましょう。

INCOME TAX LAW

第4章

個人の所得か？　家族の所得か？

——課税単位と人的帰属

INCOME TAX LAW 1

所得税の課税単位

所得とは何かについて、分量を割いて解説をしました。「所得とは何か」とは、アメリカの所得税のテキストでも、"What is income ?"という章で解説されることが多いのですが[*1]、本章でお話をする議論は「だれの所得か（Whose income is it?）」というものです。所得にあたるとしても、それはだれに帰属するのかという問題が次に発生するのです。

このように、所得がだれに帰属するかについての議論を「**所得の人的《じんてき》帰属**」または「**所得の帰属**」といいます（単純に「人的帰属」または「帰属」ということもあります）。

人的帰属の問題を考える前提として、日本の所得税法が「**課税単位**（tax unit）」をどのようにとらえているかを、まずは知る必要があります。そこで本章では、所得税の「課税単位」についての説明をします。そのうえで、これを前提にした「人的帰属」の問題を解説したいと思います。

■課税単位とは？

課税単位とは、何を1つの単位として所得税が課されるのかという問題です。所得税は、期間税であり、1年（暦年）に個人が得た所得に対して課されるものでした。

ここで「個人が得た」という説明のなかに、すでに課税単位の問題も含まれているのですが、分析的に考えると、個人が得た所得に対する課税が所得税であることを前提としても、そのような所得税を1年単位で計算して納付させる仕組みとして、**税額を計算する際に、個人を単位とするのか**、家族（世帯）や夫婦などの**グループを単位とするのか**については、別途考える必要があります。

アメリカでは、課税単位は選択制になっています。つまり、個人を課税単位として個人1人だけの所得税を計算した確定申告書を作成し、これに基づき計算された所得税額を納付すればよいのか、共同生活を営む個人の集まりである夫婦などのグループを課税単位として全員が得た所得を合計して確定申告書を作成して、これによって計算されたグループ全体の所得税を納付するべきなのかについては、納税者が自分で選ぶことができます。これが、アメリカの連邦所得税です。

＊1　たとえば、JOHN K. McNULTY, DANIEL J. LATHROPE "FEDERAL INCOME TAXATION OF INDIVIDUALS IN A NUTSHELL 8th"（2012）の第2章は、"WHAT IS INCOME?" です。

アメリカ連邦所得税には、5種類の申告資格（filing status）があります。具体的には、①夫婦合算申告（married filing jointly）、②夫婦個別申告（married filing separately）、③適格寡婦・寡夫（qualified widow(er), surviving spouse）、④特定世帯主（head of household）、⑤単身者（single）の5種類です。

①及び②にあるように、夫婦の場合でも、①合算申告にするか、②個別申告にするかを、納税者が選択することができるのです（内国歳入法典1条a～d項）。*2

■日本の戦前の所得税法は世帯単位で課税していた

これに対して、日本の所得税法は、戦前は世帯単位で課税される仕組み（**世帯単位主義**）を採用していましたが、戦後に個人を単位に課税される仕組み（**個人単位主義**）に改正されました。現在も、個人単位主義が採用されています。これを「**個人単位課税の原則**」といいます。原則なので、例外もあります（所得税法56条。この点については後述します）。

明治20年（1887年）に創設された所得税法では、次のように規定されており、世帯単位主義が採用されていました。

第一　納税義務者
第一条　凡《およ》ソ人民《じんみん》ノ資産又《また》ハ営業其他《そのた》ヨリ生《しょう》ズル所得金高一箇《か》年三百円以上アル者ハ此《この》税

法ニ依《より》テ所得税ヲ納《おさ》ム可《べ》シ但《ただし》同居ノ家族ニ属スルモノハ総《すべ》テ戸主《こしゅ》ノ所得ニ合算《がっさん》スルモノトス

このように創設当初の明治20年所得税法では、世帯単位主義が採用されていました。「同居ノ家族」なので、戸籍上の家族ではなく、生計を一にする家族を指しています。では、明治20年所得税法は、なぜ世帯単位主義を採用したのでしょうか。

もちろん、家制度（戸主制度）が採られていた明治時代です。世帯単位とすることには、社会的にも受け入れられやすい素地がありました。実際、制定の過程でも元老院では反対意見もなかったといわれています。[*3]

規定の立法趣旨については、次のように説明された当時の注釈書を挙げておきたいと思います。[*4]

＊2　I.R.C.§1(a)～(d). 石村耕治『アメリカ連邦所得課税法の展開』（財経詳報社、2017年）5～9頁参照。

＊3　磯部・前掲注第2章2・181頁参照。

＊4　鍋島成善『実際手続　日本所得税法註釈　完』（須原鉄二〔出版社〕、1887年）井上・前掲注第1章12・530頁。

仮令《たと》ヒ《い》同居スルモ其《その》経済ヲ異《こと》ニシ別々ニ生計《せいけい》スル者アルヲ以《もっ》テ、其戸主《そのこしゅ》ノ所得ニ合算スルハ不当ナルカ《が》如《ごと》シト雖《いえど》モ、脱税ノ遁路《とんろ》ヲ塞《ふさ》カ《が》ンカ《が》為《た》メニハ、事実止《や》ムヘ《べ》カラサ《ざ》ルナリ。仮《た》令《と》ヒ《い》千円以上ノ所得アル者モ納税ヲ免《まぬか》レンカ《が》為《た》メニ、表面之《これ》ヲ家族ナル養子兄弟間ニ四分スレハ《ば》三百円未満トナリ。容易ニ脱税ヲ謀《はか》ルノ狡猾《こうかつ》者アルヲ以テ、但書《ただしがき》ヲ加《くわ》ヘ、之《これ》ヲ塞《ふさ》キ《ぎ》タル所以《ゆえん》ナリトス。依《よ》テ事実経済ヲ異《こと》ニスル同居ノ家族中甲《こう》ハ二百円、乙《おつ》ハ百円ノ所得金アルモノハ銘々《めいめい》ニテハ納税ノ義務ナキモ合算セラルヽ《る》ニ付《つ》キ、納税セネハ《ば》ナラヌナリ。

これは要するに、同居する家族で所得を分割して、所得税の納税義務を負うことになる1年間の所得300円に満たないようにすること（課税逃れ）を防止するための規定であるということです。たとえば、1000円以上の所得がある者がいたときに、家族の養子兄弟4人でこの所得を4分割してしまえば、1人あたり250円となります。そうすると、1年の所得が300円を超えないため、納税義務をだれも負わないことになります。

こうした税逃れを図ることが容易な仕組みにすると、狡猾な者が現われる危険があります。そこで、これを防止するために、ただし書を規定したという説明がされています。**所得分割の防止**については、（正確には少し理由は異なりますが）これから説明をする現在の所得税法56条の趣旨にも関連するので、頭の片隅に入れておいてください。

INCOME TAX LAW 2

例外としての56条と57条

戦後、1946年（昭和21年）11月3日に新憲法（日本国憲法）が公布されます。翌1947年（昭和22年）5月3日に施行されると、この憲法が個人主義（日本国憲法13条）[*5]を宣明したことに平仄《ひょうそく》を合わせるように、1950年（昭和25年）の改正所得税法では、課税単位の原則も、個人単位主義に変わりました。

この昭和25年改正では、扶養控除を受ける親族の所得や生計を一にする家族間での資産所得については合算するなどの例外規定もありました。しかし、簡素化の観点から、翌1951年（昭和26年）に廃止されます。残された例外は、これからお話をする家族で事業に従事してい

＊5　日本国憲法13条には「すべて国民は、個人として尊重される。生命、自由及び幸福追求に対する国民の権利については、公共の福祉に反しない限り、立法その他の国政の上で、最大の尊重を必要とする。」と規定されています。最初の文章（前段）を「個人の尊厳」、次の文章（後段）を「幸福追求権の保障」ということがあります。いずれにせよ、この憲法は1人ひとりの価値を認める個人主義を定めていることになります。

る場合における、生計を一にする配偶者等の親族に支払った給与を必要経費と認めない規定です。

こうして日本の所得税法には、現在でも個人単位課税の原則についての**例外規定**があります。それが所得税法56条です。56条は、次のような規定になっています。

（事業から対価を受ける親族がある場合の必要経費の特例）
第56条 ①居住者と生計を一にする配偶者その他の親族がその居住者の営む不動産所得、事業所得又は山林所得を生ずべき事業に従事したことその他の事由により当該事業から対価の支払を受ける場合には、その対価に相当する金額は、その居住者の当該事業に係る不動産所得の金額、事業所得の金額又は山林所得の金額の計算上、必要経費に算入しないものとし、かつ、②その親族のその対価に係る各種所得の金額の計算上必要経費に算入されるべき金額は、その居住者の当該事業に係る不動産所得の金額、事業所得の金額又は山林所得の金額の計算上、必要経費に算入する。③この場合において、その親族が支払を受けた対価の額及びその親族のその対価に係る各種所得の金額の計算上必要経費に算入されるべき金額は、当該各種所得の金額の計算上ないものとみなす。（番号は筆者）

①、②、③と番号を振ったのは、条文が読みにくいからです。個人単位課税の原則の「例外」

を定めたこの条文（所得税法56条）は、番号の通り、３つのことを定めています。

１つは、居住者と生計を一にする配偶者その他の親族（以下「配偶者等」といいます）が[*6]、その居住者が営む不動産所得、事業所得又は山林所得（以下「事業所得等」といいます）を生ずべき事業に従事したことなどによって当該事業から対価の支払を受ける場合における、必要経費不算入の規定です（①）。

＊6　「生計を一にする」といえるかの判断については、次の規定によるのが課税実務です（所得税基本通達２－47）。まず、「（１）勤務、修学、療養等の都合上他の親族と日常の起居を共にしていない親族がいる場合であっても、次に掲げる場合に該当するときは、これらの親族は生計を一にするものとする。」として「イ　当該他の親族と日常の起居を共にしていない親族が、勤務、修学等の余暇には当該他の親族のもとで起居を共にすることを常例としている場合」と「ロ　これらの親族間において、常に生活費、学資金、療養費等の送金が行われている場合」が挙げられています。また、「（２）親族が同一の家屋に起居している場合には、明らかに互いに独立した生活を営んでいると認められる場合を除き、これらの親族は生計を一にするものとする。」とされています。

この点、次のように判示され、「生計を一にする」ことを前提になされた課税処分が違法であると判断された判決があります。「Aら〔Xの長男及び次男で、いずれも当時既に結婚してXと別居していた〕は、毎月支給を受ける右金員のうちから自らの責任と計算でそれぞれの家賃や食費その他の日常の生活費を支出し、時にXから若干の援助を受けることがあつたものの、基本的には独立の世帯としての生計を営んでいたことがうかがわれるのであり、右生計の源泉が専らXの事業にあつたからといつて、Xと有無相扶けて日常生活の資を共通にしていたものと認めるには足りない。」（最高裁昭和51年３月18日第一小法廷判決・訟月22巻６号１６５９頁）。

■必要経費不算入の例

わかりやすい例でいうと、Xさん（居住者）が、個人商店としてチョコレートケーキやバナナシュークリームが人気商品の洋菓子店を営んでいる個人事業主（事業所得者）であったとします。そして、Xさんは、奥さんであるAさんに、洋菓子店でのケーキとシュークリームづくり、店頭での販売、帳簿の作成などを手伝ってもらっていたとします（Aさんはこの洋菓子店での手伝いのみをしていて、他に仕事に就いていていないとします）。そこで、XさんはAさんに毎月、給料として30万円を支払っていました（157頁の図参照）。

この場合、もし所得税法56条の規定がなければ、事業所得者がその事業に従事する者（従業員等）に支払った給与は「必要経費」にあたり、事業所得の金額を計算する際に控除されることになります（同法27条2項、37条1項）。しかし、この規定があるために、奥さんに支払った毎月30万円の給料（1年で合計360万円）は、Xさんの事業所得の金額を計算する際に、Xさんが1年間で得た「総収入金額」から「必要経費」として控除することはできないことになります。

■所得税法56条の適用関係

なぜ、このような規定が設けられたのでしょうか。

それは、このような家族経営の個人事業などの形態で、家族間で支払った給与を必要経費として引くことができるとすると、高い累進税率（現行法では最高税率は45％）を免れるために、奥さんや子どもや親戚などに事業を手伝ってもらい、そこで給料を払うことで、所得金額を減らす「要領のよい納税者」が現われると考えられるからです。[*7]

配偶者等にお金を支払うことで必要経費の控除（**実額控除**）が認められるのは、会社員などの給与所得者ではなく、事業所得者等です（所得税法26条2項〔不動産所得〕、27条2項〔事業所得〕、32条3項〔山林所得〕）。そこで、このような必要経費の控除が認められている事業所得者等について、配偶者等に対価の支払をしても必要経費の算入を認めないことを定め、**租税の公平な負担**を図ろうとしたのです。

超過累進税率の適用を免れようとして、家族間で金銭の支払を行うことを「**所得分割**」といいます。実額控除が原則として認められず、所得税法が定める所定の金額（給与所得控除額）

＊7　1949年（昭和24年）のシャウプ勧告で「同居親族の所得合算は、これを廃止して各納税者が独立の申告書を提出し、他の所得と合算することなく各人の所得額に対する税額を別々に納めさせるように勧告」されると同時に、「この個別申告制にある程度の制限を設けておかないと、要領のよい納税者は、配偶者または子供に財産およびこれから生ずる所得を譲渡することによつて税負担を軽減しようとするから、相当の問題の起ることが予想される。同様にして、かれらは妻子を同族の事業に雇傭して、これに賃金を支払うという抜け道を講ずるであろう。」という指摘がなされます（『シャウプ使節団日本税制報告書』〔時事通信社、1949年〕69頁）。これを受けた改正でした。

しか収入金額から控除できない（概算控除の）給与所得者では、こうした所得分割がされることはありません。たとえば、会社員のBさんが奥さんに、家に持ち帰り行っていた会社の事務処理を手伝ってもらい、その対価を支払ったとしても、給与所得の金額を計算する際に控除されることはないのです。

このように所得分割が行われやすい事業所得者等については、所得税法も「課税単位の原則」を修正して、**個人（事業所得者）が個人（配偶者等）に支払った対価であるにもかかわらず、その事実を認識せず、あたかもグループ（家族）で課税単位をみるかのような例外的な扱いをしているのです。**そのことは、（先にみてしまいますが）同法56条の③を理解すると、明確になります。

③では、生計を一にする配偶者等に事業所得者等が支払った対価がある場合に、その親族（配偶者等）が支払を受けた対価の額は、当該各種所得の金額の計算上ないものとみなすとされているからです。

つまり、先ほどの例でいうと、Xさんの奥さんであるAさんは、Xさんから1年間で（30万円×12回＝）３６０万円の給与の支払を受けていました。そうすると、本来は、３６０万円の収入金額があったとして給与所得の金額を計算し、Aさん個人に所得税が発生するはずです。しかし、この３６０万円の支払については、支払者であるXさんの事業所得の金額を計算する際に必要経費として認められません（①）。そこで、これに対応させ、支払を受けた側である

◎所得税法56条の適用関係

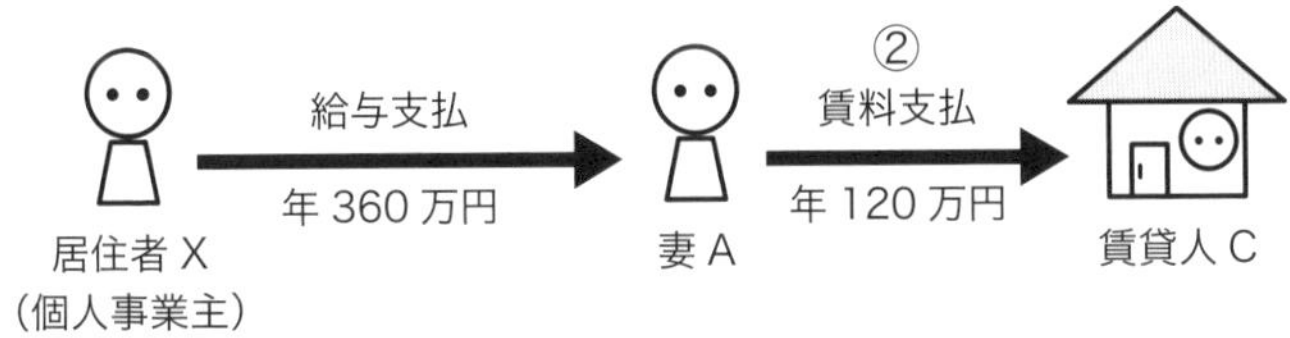

Xの事業所得の金額
＝ 総収入金額 － 必要経費
~~①360万円~~
②120万円

Aの所得
＝ 収入 － 経費
~~③360万円~~ － ~~③120万円~~

（注）丸の番号は56条の適用関係を示す。

Aさんの収入（所得）にもならないと考えるのです（③）。

　この両者をセットでみると、**個人であるXさんと個人であるAさんとの間で移転したはずの経済的価値について、所得税法は所得を認識しない**ということです。所得分割を防止するためですが、そのために、この場合には**例外的に個人である両名を1つのグループとして扱っている**、ということができます。個人単位主義の例外規定にあたる、ということです。

　最後に、②もみておきましょう。②は、親族（配偶者等）が第三者に支払った対価について、その配偶者等の所得金額の計算において必要経費に算入されるべき金額は、その配偶者等ではなく、その居住者である事業所得者等の事業所得等の必要経費に算入される、というものです。

たとえば、先ほどの事例で、Xさんの個人商店（洋菓子店）の店舗として、Cさんから建物の1階部分を借りていたとします。そして、その賃料（月10万円、年120万円）をXさんではなく、奥さんであるAさんがCさんに支払っていたとします。その場合、奥さんであるAさんが支払った賃料は、Xさんの事業所得の金額を計算する際に必要経費として控除される、ということです。

個人であるAさん（奥さん）自身が支払ったはずの賃料（必要経費）ですが、これを1つのグループとみなしてXさんが支払った必要経費とみなされます（②）。そこで、この場合もAさん自身の所得を計算する際の必要経費にはならないことが、合わせて③で規定されています（③の「その親族のその対価に係る各種所得の金額の計算上必要経費に算入されるべき金額」の部分です）。

■「青色事業専従者給与」と「事業専従者控除」を規定する57条

このように、所得税法56条は個人単位課税の原則の例外規定ですが、さらに例外規定があります。57条です。具体的には、（1）**青色事業専従者給与**と呼ばれるもの（所得税法57条1項、2項）と、（2）**事業専従者控除**と呼ばれるもの（同条3項）です。

青色事業専従者給与とは、青色申告の承認を税務署長から得ている青色申告者については、56条の規定にかかわらず、「労務の対価として相当であると認められるもの」であれば[*8]、必要経費に算入できるというものです。対価の支払をする相手（配偶者等）が15歳以上であり、「専らその……事業に従事するもの」であることが必要ですが、**これらの要件を満たす場合には、相当額であれば必要経費の算入が認められます**。これは、法人（会社など）の場合であれば、家族である従業員に給与を支払った場合には、原則として損金（所得税の必要経費に相当するもの）に算入されることとの均衡を図るものと考えられています。[*9]

＊8　「労務の対価として相当であると認められる」のか否かについては、「その給与の金額でその労務に従事した期間、労務の性質及びその提供の程度、その事業の種類及び規模、その事業と同種の事業でその規模が類似するものが支給する給与の状況その他の政令で定める状況」を基準に判断されます（所得税法57条1項）。

＊9　「これは、同法56条が上記のとおり定めていることを前提に、個人で事業を営む者と法人組織で事業を営む者との間で税負担が不均衡とならないようにすることなどを考慮して設けられた規定である。」と判示されています（最高裁平成16年11月2日第三小法廷判決・訟月51巻10号2615頁）。なお、法人が従業員や役員に支払った給与は会計上の「費用」として、所得金額を計算する際に益金（収益）から控除できる損金に算入できるのが原則です（法人税法22条3項2号）。ただし、役員給与の場合は「別段の定め」があり、定期同額給与など所定の要件を満たすことが必要になります（同法34条1項1号等）。たとえば、毎月30万円を取締役である奥さんに役員給与として支払っている場合、定期同額給与として全額損金算入できるのが原則です。これに対し、所得税の場合には所得税法56条が適用されると、必要経費の算入は1円も認められません。こうした不均衡（個人事業主であるか法人化するかで支払った給与の税法上の取扱いが異なること）が問題になるため、57条が必要になるのです。もっとも、法人が支払った役員給与の場合でも、「不相当に高額」であると認められる場合には、その部分の損金算入は認められません（法人税法34条2項）。この点でも、青色事業専従者給与が、相当額のみに必要経費の算入を認めていることはバランスがとれているといえます。

青色事業専従者給与は、相当額である限りは、実際に配偶者等に支払った給与額について必要経費の算入を認めるものですが、「**青色申告**《あおいろ》」であることが必要です（青色申告の特典）。青色申告の承認を税務署長から受けていない納税者を「白色申告者」といい、その申告を「**白色**《しろいろ》**申告**」といいます。白色申告者の場合でも、「事業専従者控除」があります。事業専従者控除とは、事業専従者（青色申告の承認を受けていることを除き、要件は青色事業専従者給与と同じ）に対する対価の支払をした場合に、所定の金額（配偶者の場合は86万円、それ以外の事業専従者の場合は50万円）を必要経費として控除することができるものです。

以上のように、日本の所得税法は「個人単位課税の原則」を採用しています。しかし、**生計を一にする配偶者等に事業所得者等が支払った対価については、所得分割を防止して租税の公平な負担を図るために、必要経費の算入を認めない例外規定が定められています（同法56条）**。この56条にも例外規定があり、青色事業専従者給与の要件を満たす場合には相当額について必要経費の控除が認められます（同法57条1項、2項）。また、白色申告者も、事業専従者控除の要件を満たせば、所定額の必要経費の控除が認められます（同条3項）。

INCOME TAX LAW 3

「妻弁護士事件」と「妻税理士事件」

このような所得税法の規定があるなかで、配偶者等が独立して事業を営んでいる場合が問題になった事例があります。最高裁まで争われたもので、「**妻弁護士事件**」と呼ばれるものと、「**妻税理士事件**」と呼ばれるものがあります。

前者（妻弁護士事件）は、夫である弁護士が妻である弁護士（事務所も所属弁護士会も別）に[*10]、自身の弁護士業務について業務委託（調査等の委託）を行っていました。その対価として、夫（弁護士）が妻（弁護士）に毎年595万円を支払い、それを夫自身の事業所得の必要経費に算入して所得税の確定申告を行っていました。しかし、所得税法56条が適用されるとして、所轄の税務署長から必要経費の算入を否認する更正処分がなされた事案です。

＊10　X（原告・控訴人・上告人）は、第二東京弁護士会に所属する弁護士であり、東京都港区で法律事務所を開設していました。Xの妻Aは、別の弁護士会に所属する弁護士であり、東京都新宿区で別の法律事務所を開設していました。また、Aの事務所の事務員、事務所諸設備、購入図書等に係る経費は、Xの営む法律事務所における経費とは別であり、それぞれの事務所において記帳されていました（最高裁平成16年11月2日第三小法廷判決・前掲注9）。

これに対し、後者（妻税理士事件）は、夫である弁護士が妻である税理士と顧問契約を締結し、税務上のアドバイスを受けたり、確定申告書の作成などを行ってもらったりした対価として毎年、その業務に応じた対価を支払っていました。[*11] これを夫自身の事業所得の必要経費に算入できるとして行った所得税の確定申告について、同じく所得税法56条が適用されるとして、所轄の税務署長から必要経費の算入を否認する更正処分がなされた事案です。

同じ時期に別の裁判所で争われた2つの事件ですが、妻税理士事件の第1審では、独立して事業を営む配偶者等にはこの規定（所得税法56条）は適用されないとして、必要経費の算入を認める判決が言い渡されました。[*12] 国が敗訴したのです。

しかし、同事件の控訴審はこの判決を取り消します。[*13] 国の逆転勝訴です。

そして、両事件ともに最高裁は、独立して事業を営む配偶者等であっても、所得税法56条は適用されるとの判断を下しました。56条の文言を読む限り、独立して事業を営む者を除く旨の規定（除外規定）はないからです。結局、いずれの事件も納税者（弁護士）の主張は認められず、国が勝訴し、確定しました。

妻弁護士事件の最高裁判決では、次のように判示されています。

「……〔所得税〕法56条の上記の趣旨及びその文言に照らせば、居住者と生計を一にする配偶者その他の親族が居住者と別に事業を営む場合であっても、そのことを理由に同条の適用を否定することはできず、同条の要件を満たす限りその適用があるというべきである。[*14]」

■現行の56条が抱える問題

このように独立して事業を営む配偶者等の場合には、56条の例外的である57条（青色事業専従者給与、事業専従者控除）の適用ができません。夫の事業（弁護士業）に専ら従事しているものではなく、自らの独立した事業を営んでいるため、「事業専従者」とはいえないからです。そこで、最高裁がいうように56条が適用されるとなると、業務の対価として支払った弁護士や

*11 正確には、次のような事案でした。X（原告・被控訴人・上告人）は、F弁護士とともに法律事務所を経営していたところ、平成6年に、F弁護士とともにXの妻である税理士Dとの間で、X及びF弁護士の弁護士業務に係る所得税等の税務代理及び税務相談、会計業務についての顧問及び記帳代行を委嘱内容とする顧問契約を締結しました。この顧問契約に基づき、Xは、平成7年から平成9年にかけて、Dに対して税理士業務に対する対価として、顧問税理士報酬及び税務申告手数料（平成7年分は72万1０００円、平成8年分は１１3万３５００円、平成9年分は１０５万９０００円）を支払いました（最高裁平成17年7月5日第三小法廷判決・税資２５５順号１００７０）。

*12 東京地裁平成15年7月16日判決・判時１８９１号44頁。

*13 東京高裁平成16年6月9日判決・判時１８９１号18頁。

*14 最高裁平成16年11月2日第三小法廷判決・前掲注9（妻弁護士事件）。なお、妻税理士事件は、この最高裁判決を引用した判決を言い渡しました（最高裁平成17年7月5日第三小法廷判決・前掲注11）。

税理士との間に婚姻関係があったがために、支払った費用（弁護士報酬または税理士報酬）が1円も必要経費として控除されないことになってしまいます。

確かに、自分が弁護士であるにもかかわらず、別の事務所の弁護士（奥さん）に弁護士業務の外部委託（アウトソーシング）を行い、その委託業務に投入された時間などにかかわらず、毎年一定額（595万円）を支払っていた妻弁護士事件の場合には、[*15] 56条の趣旨である所得分割の防止を行う必要があるとみることもできるかもしれません。

しかし、少なくとも妻税理士事件については、所得分割とまではいえないでしょう。弁護士が専門家である税理士に確定申告の作成を依頼したり、税務相談を求めたりすることは通常あることだからです。そして当然ながら、この場合、弁護士は税理士に相当額の報酬を支払うことになるからです。それにもかかわらず、その税理士が身内（妻）であったとしても、税理士業務を現に行ってもらい、その対価としても適正な額を支払った場合、これについてまで56条を適用して必要経費の控除が認められないことになるのは、いかがなものでしょうか。

「所得分割の防止」という趣旨が、この場合にも果たして妥当するのか疑問です。妻税理士事件では、妻弁護士事件と異なり、毎年業務に応じた金額になっており、決して高額なものでもなかったからです。しかし、裁判所はそのような個別事情を考慮する解釈は行いませんでした。形式的に条文の要件を満たせば、56条は適用されると解したのです（条文の文言通りに読む**文理解釈**が徹底されているとはいえますが、個人単位課税の原則の例外規定である以上、その趣旨に沿う対象にのみ適用されるべきであるはずです）。

そもそも、56条が適用される前提としては、生計を一にする配偶者等（親族）であることが必要です。しかし、「配偶者」は法律婚として婚姻届を提出した者（民法上の配偶者）だけを指すと解されています。そうすると、婚姻届を提出しないで事実上の夫婦として社会的にも振る舞う「内縁」（事実婚）の場合には、56条は適用されません。[*16]

そのため、税理士の妻が内縁であった場合には、必要経費の控除は認められることになります。このような取扱いは、税法がとらえる事実としてみたときに、果たしてそこに異なる結果をもたらすような差異があるといえるのか、疑問です。

また、弁護士が交際している彼女（税理士）に申告業務や税務相談を依頼し対価（税理士報酬）を支払った場合でも、[*17]「配偶者」ではないため、必要経費としての控除ができます。これ

＊15　妻自身の弁護士業務についての事業所得の総収入金額のうち、約4分の1程度が、夫から支払を受けた報酬（毎年595万円）であったとの事実が認定されています。

＊16　「法に規定する配偶者とは、民法の規定による配偶者をいうのであるから、いわゆる内縁関係にある者は、たとえその者について家族手当等が支給されている場合であっても、これに該当しない。」と規定されています（所得税基本通達2－46）。

＊17　彼女と書きましたが、彼氏の場合でも同じです。イメージしやすい説明として夫の個人事業を妻が手伝っている例を挙げました。所得税法56条は、当然ながら、妻の個人事業を夫が手伝っている場合にも同じように適用されます。

が「配偶者」になった途端に、必要経費の控除が認められなくなってしまいます。最高裁判決の判断は、このような帰結に行き着くものです（もちろん、「生計を一にする」ことも同時に要件となっていますので、これも満たす場合が前提ですが、多くの夫婦は生計を一にしているのが実際でしょう）。

そのため、学説の批判も多く、時代にそぐわない56条は廃止すべきではないかとの議論もあります。しかし、今のところ56条が廃止される動きはありません。

INCOME TAX LAW 4

課税単位についての各国の立法例

このような所得税の課税単位について、諸外国をみてみると、日本の所得税法の規定が必ずしも絶対的なものではないことがわかります。

次頁の図の通り、個人単位課税を採用している国は、日本のほかにもイギリス、アメリカ、ドイツなどがあります。もっとも、イギリスが個人単位主義を採用したのは、1990年（平成2年）のことで、それ以前は1797年の所得税創設当初からグループ単位課税でした。[*18]また、アメリカとドイツでは選択制が採用され、夫婦（グループ）単位にするか、個人単位にするかを選択することができます。夫婦合算を選択した場合、両国ともに「2分2乗（均等分割）方式」とされています（2分2乗方式の詳細は、後で説明します）。[*19]

＊18　イギリスでは所得税創設当初から夫婦合算課税方式が採用されていましたが、1988年の財政法（Finance Act 1988）により、個人単位課税方式に変わり、1990年から施行されました（小石侑子「イギリスにおける夫婦への課税―夫婦合算課税から個人単位課税へ―」人見康子＝木村弘之亮編『家族と税制』〔弘文堂、1998年〕71頁）。

＊19　ただし、アメリカは実質的にみた2分2乗方式です（I.R.C. §6013）。

◎課税単位の類型

<table>
<tr><th colspan="3">類型</th><th>考え方</th></tr>
<tr><td colspan="3">個人単位</td><td>稼得者個人を課税単位とし、稼得者ごとに税率表を適用する。
（実施国：日本、イギリス。アメリカ、ドイツは選択制）</td></tr>
<tr><td rowspan="3">夫婦単位又は世帯単位</td><td rowspan="2">合算分割課税</td><td>均等分割法（2分2乗課税）</td><td>夫婦を課税単位として、夫婦の所得を合算し均等分割（2分2乗）課税を行う。具体的な課税方式としては次のとおり
・独身者と夫婦に対して同一の税率表を適用する単一税率表制度（実施国：ドイツ）
・異なる税率表を適用する複数税率表制度（実施国：アメリカ（夫婦共同申告について夫婦個別申告の所得のブラケットを2倍にしたブラケットの税率表を適用した実質的な2分2乗制度））</td></tr>
<tr><td>不均等分割法（N分N乗課税）</td><td>夫婦及び子供（家族）を課税単位とし、世帯員の所得を合算し、不均等分割（N分N乗）課税を行う。
（実施国：フランス（家族除数制度））</td></tr>
<tr><td colspan="2">合算非分割課税</td><td>夫婦を課税単位として、夫婦の所得を合算し非分割課税を行う。</td></tr>
</table>

（注）1．イギリスは、1990年4月6日以降、合算非分割課税から個人単位の課税に移行した。
2．アメリカ、ドイツでは、夫婦単位と個人単位との選択制となっている。
3．諸外国における民法上の私有財産制度について
（1）アメリカ：連邦としては統一的な財産制は存在せず、財産制は各州の定めるところに委ねており、多くの州では夫婦別産制を採用しているが、夫婦共有財産制を採用している州もある。
（2）イギリス：夫婦別産制。1870年及び1882年の既婚女性財産法（Married Women's Property Act 1870,1882 ）により夫婦別産制の原則が明らかとなり、1935年の法律改革（既婚女性及び不法行為者）法（Law Reform (Married Women and Tortfeasors) Act 1935）によって夫婦別産制が確立したとされる。
（3）ドイツ：原則別産制。財産管理は独立に行えるが、財産全体の処分には他方の同意が必要。
（4）フランス：財産に関する特段の契約なく婚姻するときは法定共通制（夫婦双方の共通財産と夫又は妻の特有財産が併存する）。

出典：財務省「課税単位の類型」

フランスでは、1945年に導入された家族除数制度（systeme du quotient familial）の下で、夫婦と子どもを合わせた家族（グループ）単位の課税単位が採用されています（租税一般法典193条）[*20]。家族の課税所得が合算され、構成員数に応じて定められた「家族除数（同法194条）」で割った後に税率を適用し、家族除数を掛ける（乗じる）ことで所得税額を計算する方式です[*21]。この家族除数は、単身者は1、夫婦の場合は2、夫婦で子ども1人の場合は2・5、夫婦と子ども2人の場合は3というもので、1人あたり1（均等）ではない不均等なものです。このように不均等な序数で分割する方式を「**N分N乗**（不均等分割）**方式**」といいます。

なお、2分2乗方式が後でお話しするように、単純に夫婦の所得を足して2（人数）で割った額に税率を適用してから2（人数）を掛ける（乗じる）ものであるのに対し、フランスのN分N乗方式は、解説したように家族の構成員の属性ごとに序数が決められており、人数そのものが1とされているわけではない点に特色があります[*22]。

家制度のあった日本で戦前は、世帯単位主義が採られていました。シャウプ勧告でも「この

＊20　フランス租税一般法典193条（Code général des impôts, Article 193）には、課税所得は、所得税額を計算するために、194条に規定されている納税者の家族状況や扶養家族数に応じたpart（パール。家族除数）の数で分割されることが定められています。

＊21　フランス租税一般法典194条（Code général des impôts, Article 194）には、パール（家族除数）の数について、家族状況（SITUATION DE FAMILLE）に応じた詳細な規定がされています。

措置〈当時の合算方式〉は形式的には伝統的な日本家族制度に従うものである」と述べられています。[*23] そして、戦後に新憲法で個人主義が採用されたので、所得税の課税単位も個人単位主義が原則とされた、という事実はあります。しかし、両者は理論的に必ずしも直結するものではないのです。

■課税単位をグループ単位でとらえる場合の問題

日本ではなく、あくまで他国での立法例ですので、詳細な解説は控えますが、課税単位を夫婦や世帯などのグループ単位でとらえる立法を採用する場合には、次のようなことが、さらに問題になります。

1つは、グループ各人の所得を合算（合計）してそのまま税率表（日本の所得税法の場合は89条の超過累進税率のこと。以下同じ）を適用するのか、それとも合算した額を各人の割合（夫婦の場合は2分の1）などで分けたものに税率表を適用するのか、という点です。前者を「**合算非分割（方式）**」といい、後者を「**合算分割（方式）**」といいます。この合算非分割方式と、合算分割方式について、少しだけ説明をしておきましょう。

まず、合算非分割方式による場合、「結婚すると、それだけで所得税が増える」という問題点が生じます（結婚罰）。

たとえば、結婚前に800万円の課税所得があったAさんと、400万円の課税所得があったＢさんが結婚した場合、合計１２００万円に超過累進税率が適用されることになります。そうなると、日本の現行所得税法でいうと5段階目（７段階中）の税率（33％）が、３００万円部分（９００万円を超える部分）に適用されることになり、夫婦の所得税は、結婚する前（独身のころ）よりも高くなってしまいます。計算すると、夫婦合計で２４２万４０００円の所得税となり、１人あたり１２１万２０００円の所得税となります。結婚前であれば、Ａさん（課税所得８００万円）の所得税は１２０万４０００円であり、Ｂさん（課税所得４００万円）の所得税は37万２５００円でした。合計しても１５７万６５００円だったのに、結婚すると２４２万４０００円と一挙に所得税が約85万円も増えます。

こうした問題を解消するために各国で採用されているのが、合算分割方式です。夫婦単位課税の場合であれば（ここでは、一夫一婦制とします）、「**2分《にぶん》2乗《にじょう》方式**」といって、夫婦の合算所得（先ほどの例でいえば、１２００万円）にいきなり税率を適用するのではなく、合算所得額を２分の１にしたもの（この事例でいえば、６００万円）に税率を適用し、２人分なので、

＊22　フランスの家族除数制度の詳細は、山田美枝子「家族の多様化とフランス個人所得税―家族除数制度を中心として―」人見＝木村編・前掲注18・87頁を参照。

＊23　前掲注７・68頁。

それを2倍して所得税額を計算するものです。[*24] こうすれば、1200万円（合算所得）の2分の1である600万円に税率を適用した77万2500円の所得税を、[*25] 2倍することで154万5000円の所得税となり、結婚により所得税額が増えることは回避できます（ただし、逆にいえば、独身者に不利益となり、高額所得者に有利になるという問題が生じます）。

超過累進税率を前提にする限り、どのような方式を採用しても、グループ単位を採用する場合、結婚によりカップル総額の所得税額に変動が生じることは避けられません。そこで、これを調整するために異なる税率を適用する方法もあります。

課税単位は、所得税を個人単位でとらえるのか、グループ単位でとらえるのか、グループ単位の場合は合算の有無や適用される税率をどうするか、というむずかしい問題を含むものです。絶対的に正しい方式はありません。他方で、課税単位のとらえ方が、結婚などのプライベートな身分行為にも影響するもので、婚姻（結婚）するか否かだけでなく、後でお話しをする配偶者控除の仕組みをどうするかとも関連し、婚姻後の女性の働き方にも税制が影響を与え得るものになることも問題になります。

税制は、①**公平であり**、②**中立であり**、③**簡素であるべき**と考えられています（第1章の注10〔53頁〕参照）。この課税単位や配偶者控除をどのような仕組みにするかという立法論は、この3つのいずれにも影響が出ます。[*26] すべてを満たすような制度を作ることはむずかしく、現実には何を重視して税制を組み立てるかというところに行き着きます。

INCOME TAX LAW 5

所得の人的帰属

個人単位課税を原則とする日本の所得税法では、次に**人的帰属**が問題になります。人的帰属の前提として、税法が一般に納税義務が成立するための要件として定める「課税要件には何があるのか」について言及しておきたいと思います。課税要件には、主として次の5つがあります。①**納税義務者**、②**課税物件**、③**人的帰属**、④**課税標準**、⑤**税率**です。

納税義務者（①）については、納税義務を負う者はだれかということです。たとえば、日本に住所があるか1年以上の居所がある個人で非永住者以外の者は、全世界で得た所得に課税さ

＊24　2分2乗方式は、アメリカで導入された後、ドイツでも導入されました。日本では導入されていません。

＊25　税率表（所得税法89条）を適用すると、（195万円×5％＋135万円×10％＋270万円×20％＝77万2500円）という計算式になります。

＊26　配偶者控除や課税単位をどのように設計するのが妥当であるかを検討し、この3つの要素に分けて詳細な分析をした論文に、田中康男「所得控除の今日的意義―人的控除のあり方を中心として―」税大論叢48号（2005年）1頁があります。

れる無制限納税義務を負うことなどをすでにお話ししました（第3章参照）。

課税物件（②）は、課税の対象（客体）のことで、所得税法では個人の所得が課税物件になります。しかし、個人の所得とは抽象的な概念です。そこで、税率（⑤）を適用できるようにするために数値化されたものが、課税標準（④）です。所得税法の場合は、条文には総所得金額が課税標準と規定されていますが（同法22条1項）、理論的な意味の課税標準は税率が適用される対象である課税総所得金額です（第1章、69頁の図を参照）。

これから解説をする人的帰属（③）は、納税義務者（①）と課税物件（②）の結びつきのことです。**人的帰属は、課税要件の根幹をなすものであると解されています。**

たとえば、実際には所有権を取得しておらず売却もしていないにもかかわらず、偽造した登記書類の申請により、虚偽の所有権登記がなされた事例がありました。不動産を取得した後に第三者に売却したような外観が作られたため（不実の登記）、課税庁が、譲渡所得の人的帰属を誤ってしまいます。この者が「資産の譲渡……による所得」を得たとして、所得税の決定処分がなされたのです。最高裁は、偽造であったことを認め、人的帰属を誤った処分であり無効であると判断しました。[*27] 具体的には、次のような判示でした。

「……X〔原告・控訴人・上告人〕らは、前記のように、（一）（二）土地および（三）建物のいずれをも所有したことがなく、その真の譲渡人はOであり、したがって、譲渡所得はほんらい同人に帰属し、Xらについては全く発生していないのであるから、本件課税処分は、譲渡所得の全くないところにこれがあるものとしてなされた点において、課税要件の根幹についての重大な過誤をおかした瑕疵を帯有するものといわなければならない。」

このように、人的帰属は、課税要件の根幹をなすものであると理解されています。それは、発生した所得（課税物件）があったとしても、それが帰属しない者に帰属するとして課税された場合、それは「所得がないところに課税する」ことになってしまうからです。*28

＊27　最高裁昭和48年4月26日第一小法廷判決・民集27巻3号629頁。

＊28　最高裁昭和60年3月27日大法廷判決・民集39巻2号247頁（大島訴訟）の谷口正孝裁判官の補足意見では、「必要経費の額が給与所得控除の額を明らかに超える場合は、その超過部分については、もはや所得の観念を容れないものと考えるべきであつて、所得の存しないところに対し所得税を課する結果となるのであり、およそ所得税賦課の基本理念に反することになるからである。そして、所得と観念し得ないものを対象として所得税を賦課徴収することは、それがいかに法律の規定をもつて定められ租税法律主義の形式をとるにせよ、そして、憲法14条1項の規定に違反するところがないにせよ、違憲の疑いを免れない」と述べられています。この少数意見は、現実に支出した必要経費があるにもかかわらず、それを控除できない給与所得課税がなされることがあるとすれば、それは「所得の存しないところに対し所得税を課す」ことになり、それは平等原則違反ではないとしても、違憲の疑いがある（財産権を保障した憲法29条1項違反と考えられます）ことを指摘したものです。

INCOME TAX LAW 6

実質所得者課税の原則

「課税物件がだれに帰属するか（所得の人的帰属）」については、所得税法に一般的な判断基準を定めた規定があります。所得税法12条に規定されているもので、次のような条文です。

> **第12条**　資産又は事業から生ずる収益の法律上帰属するとみられる者が単なる名義人であつて、その収益を享受せず、その者以外の者がその収益を享受する場合には、その収益は、これを享受する者に帰属するものとして、この法律の規定を適用する。

これを「**実質所得者課税の原則**」といいます。**単なる名義人（形式）ではなく、実質的に利益を享受する者（実質）に収益（所得）が帰属する**という考え方を示しているからです。この実質所得者課税の原則は、所得税法だけでなく、所得の帰属が課税要件になる法人税（法人税法11条）、住民税（地方税法24条の2、294条の2の2）、事業税（同法72条の2の3）にも規定されています。

実質所得者課税の原則は、昭和28年に規定されたもので[*29]、それ以前に明文規定はありませんでした。しかし、明文規定がなかった当時になされた課税処分が争われた訴訟で最高裁は、実質所得者課税の原則を定めた旧所得税法3条の2（現行所得税法12条）の規定は、所得税法に内在する条理《じょうり》であり[*30]、明文規定がなくても当然に導かれる考え方であるとしました（**確認規定説**[*31]）。

■規定ができる前に「実質所得者課税の原則」が争われた例

具体的には次のような判示でした。少し長めになりますが、重要なので引用します。

「原判決は、『……所得帰属の外形的名義に拘ることなく、その経済的利益の実質的享受者

＊29　所得税法（昭和22年法律第27号）の昭和28年改正で新設された3条の2及び法人税法（昭和22年法律第28号）の昭和28年改正で新設された7条の3。

＊30　条理とは、裁判で根拠として用いることができる法源の1つに挙げられるものです。法源の典型は制定法（法令の条文）ですが、条文に規定がない「判例」や「慣習」のほか、「条理」も法源になると考えられています。条理とは、「ものの道理」「ことがらのすじみち」のことです（五十嵐清『法学入門〔第3版〕』〔悠々社、2005年〕90頁）。もっとも、法律が少なかったかつてと異なり、現在の日本には多数の法律が規定されていますから、条理という条文にないものが法源として裁判で用いられる例は極めて少ないです。

＊31　最高裁昭和37年6月29日第二小法廷判決・税資39号1頁。

を以つて所得税法所定の所得の帰属者として租税を負担せしむべきである。これがすなわちいわゆる実質所得者に対する課税（略して実質課税）の原則と称せられるものにして、該原則は吾国の税法上早くから内在する条理として是認されて来た基本的指導理念であると解するのが相当である。』『昭和28年……に追加された同法3条の2の規定は、従来所得税法に内在する条理として是認された右原則をそのまま成文化した確認的規定であり、これによつて所得税法が初めて右原則を採用した創設的規定ではないと解するのが相当である。』と判示している。当裁判所も、原判決の右判断を相当として是認する。」

実質所得者課税の原則、つまり所得の人的帰属を形式的な名義人ではなく、実質的な利益の享受主体でみる考え方は、所得税法（法人税法）に明文規定があって初めて適用されるものではなく、規定がなくても（なかった当時の事件でした）、所得税法に内在する「条理」として適用されるという判決でした。

もし、実質所得者課税の原則が創設規定であるとすれば、明文があって初めて適用されることになりますが、そうではなく「**確認規定**」であると最高裁は断じたのです。

確認規定とは、規定がなくても当然に適用されるルールを、確認の意味で規定したものと考えられるものをいいます。これに対し、「**創設規定**」とは規定があって初めて効力をもつ（創設される）ルールを定めた規定をいいます。

INCOME TAX LAW 7

法律的帰属説と経済的帰属説

このように確認規定であると解されている実質所得者課税の原則ですが、具体的に何を規定したのかの解釈をめぐり、大きく2つの見解に分かれます。1つは**法律的帰属説**で、もう1つが**経済的帰属説**です。

法律的帰属説は、所得税法12条の規定は、「私法上の名義人（形式）」と「私法上の真の権利者（実質）」が異なる場合に、私法上の真の権利者に所得が帰属することを定めたものと解します。これに対し、経済的帰属説は、「法律上（私法上）の帰属」と「経済上の帰属」とが異なる場合に、法律上の帰属ではなく経済上の帰属で判断すると解します。

いずれの見解も条文の文言からは読み取ることができ、どちらを定めたのかは文言を読むだけでは、はっきりしません。しかし、経済上の帰属は、法的根拠のあるものではなく判断が不明瞭になるため、行政執行上困難となる危険があります。また、それは同時に、「どのような場合に、だれに所得が帰属するのか」の判断を納税者がすることを困難にし、課税に対する予測可能性・法的安定性を害することにもなります。そこで、法律的帰属説が、学説では通説的な地位にあります。[32]

もっとも、判例ではどちらの説を採用したのか定かでないものが多く、最高裁も明確に法律的帰属説を採用したと読み取れるほどのものはありません。裁判になると、結局のところ、両者のいずれかを採用しているかが決め手になるというより、だれに帰属しているのかという事実認定が重要になるからです。

「実質所得者課税の原則」の適用をめぐる裁判例は従前からいくつかあるところですが、大きく分けると、（1）資産性所得での帰属が問題になった事案と、（2）事業性所得での帰属が問題になった事案とがあります。所得税法12条の条文も、次のように、「**資産**」と「**事業**」を分けて規定しています。

「資産又は事業から生ずる収益」と定められており、「資産から生ずる収益」と「事業から生ずる収益」に分けて読むことができます。（1）の例としては、父親が扶養している親族（幼い子ども等）名義で行っていた預金及びその利子が、反証がない限り、名義人ではなく扶養をしていた父親に帰属するとした裁判例などがあります。[33]

学説には、給与所得（所得税法28条1項）や利子所得（同法23条1項）のように法律関係が明確に存在するものについては法律的帰属説で考えるとしても、[34]事業所得などの場合には経済的帰属説によるべきであるとして、所得区分により分けて考える見解もあります。[35]

判例をみると、事業所得の帰属が問題になった事案では、だれが経営主体であるか（その事業の主宰者《しゅさいしゃ》であるか）という点が判断の基準にされています。具体的には、次の通りです。

■事業所得の帰属が問題になった例

「……何人の所得に帰するかは、何人が主としてそのために勤労したかの問題ではなく、何人の収支計算の下において行われたかの問題である。」（最高裁昭和33年7月29日第三小法廷判決・集民32号1001頁）

「……収入が何人の所得に属するかは、何人の勤労によるかではなく、何人の収入に帰したか

＊32 金子宏「所得の人的帰属について―実質所得者課税の原則―」同『租税法理論の形成と解明　上巻』（有斐閣、2010年）524頁、谷口勢津夫「所得の帰属」金子宏編・前掲注第3章76・179頁、藤谷武史「所得課税における法的帰属と経済的帰属の関係・再考」金子宏＝中里実＝J．マーク・ラムザイヤー編『租税法と市場』（有斐閣、2014年）185頁等。

＊33 東京地裁昭和32年1月31日判決・訟月3巻3号116頁、東京地裁昭和33年1月18日判決・訟月4巻3号421頁。

＊34 条文の文言には「資産」と「事業」から生ずる所得についてのみ規定したようにもみえますが、実質所得者課税の原則が所得税法に内在する条理とされていることからすれば、労務提供から生じる給与所得についても適用があると考えられます。

＊35 水野・前掲注第3章7・349頁。

で判断されるべき問題である。原判決の認定するところによれば、X（原告・控訴人・上告人）の長男TがX方の農業の経営主体で同人の業として農業が営まれているとは認められず、Xが経営主体であつたと推認できるというのであるから、本件農業による収入はXに帰したものとすべきである。」（最高裁昭和37年3月16日第二小法廷判決・集民59号393頁）

親が営んでいた歯科医業に息子が途中から参画した事例で、次のような判示をされた裁判例もあります。最高裁昭和37年判決の基準を確認しながら、原則として親の事業所得に帰属することが判示されています。

「……親子が相互に協力して一個の事業を営んでいる場合における所得の帰属者が誰であるかは、その収入が何人の勤労によるものであるかではなく、何人の収入に帰したかで判断されるべき問題であって、ある事業による収入は、その経営主体であるものに帰したものと解すべきであり（最高裁昭和37・3・16第二小法廷判決、裁判集民事59号393頁参照）、従来父親が単独で経営していた事業に新たにその子が加わった場合においては、特段の事情のない限り、父親が経営主体で子は単なる従業員としてその支配のもとに入ったものと解するのが相当である。」（東京高裁平成3年6月6日判決・訟月38巻5号878頁）

■資産性所得の帰属が問題になった例

これに対し、たとえば不動産の貸付けによる所得（不動産所得）のような資産性所得では、そもそも経営主体という概念にはなじみにくいです（もちろん事業にはいたらない業務は行われているので、業務主体という考えはあり得るかもしれませんが）。そこで、不動産の貸付けにより得た所得がだれに帰属するかは、その所得を生む対象（原因）である貸し付けられている資産の所有者（所有権）でみるのが自然ではないでしょうか。ただし、裁判例では、貸し付けていた家屋の登記名義人（年少の長男・老齢の母）ではなく、長男及び母を扶養していた「生計の主宰者」に、不動産所得が帰属するとしたものがあります。次のような判示でした。

「Y〔被告〕が本件決定の対象としたその主張家屋がいずれもX〔原告〕名義で登記されていないことは当事者間に争なく、賃借人A、B、C、D、Eの各居住家屋がXの長男Mの、その余の賃借人居住各家屋がXの母Iのそれぞれ〔原文のママ〕所有であるとのX主張事実はYにおいて明らかに争わないところであるから、これを自白したものと看做す。従つてこれら不動産よりの収益はその所有者たるM及〔原文のママ〕Iの所得と一応推認すべきところ、〔証拠〕によれば、Xは母I、長男M等と同居しており、これらの者を扶養し酒類小売業を営んで生計を主宰していること、本件係争両年度の所得税確定申告に際しこれらの者には何等所得なしとして扶養親族としての控除申請を為しかつ本件各不動産よりの所得を各年度5000円として申告し、自ら所得の実質的帰属者がXであることを表明していることが認められる。……〔証拠〕によつても、Xは母I名義を以てS銀行と普通預金取引を為し、これより営業資金に当てていた形跡がうかがわれる。これらを考察すれば本件各不動産よりの収益を実質的に収受する者はXであると見るべきが正当である。」(大津地裁昭和32年9月24日判決・行集8巻9号1636頁)

古い判決ではありますが、過去の裁判例の多くは、このように具体的な事例において、法律的帰属説か経済的帰属説かという抽象的な考えの対立の議論やその答えを導くことはしないまま、だれに実質的に所得が帰属しているかの事実認定により結論を導いています。

実質所得者課税の原則は、少し議論をみるだけでも難解であると思われたかもしれません。実際、「憲法や民法よりもむずかしい」といわれる税法を研究している**税法学者ですら、実質所得者課税の原則は「難解である」といいます**。[*36] 机の上の理論だけの問題であれば難解であってもよい(実害はないので問題はない)のかもしれませんが、税法は現実の事実に適用され税金を発生させるものです。最近の裁判例でも、次のように限界事例に近いような事案が発生しています。

■法人の不動産収益の帰属が問題になった例

所有する不動産を貸し付けて賃料を得たり、所有する不動産を売却して代金を得たりする事業を行っていた法人（会社）が、法人税の申告を行っていたところ、実質所得者課税の原則（所得税法12条）が適用され、これらの不動産収益（賃料及び売却代金）が帰属するのは法人ではなく、個人であるとされた事案です。その個人は弁護士であり、離婚したものの同居していた元妻の共謀も含め、脱税（刑事事件）として起訴されました。

第1審は、無罪判決を言い渡しました。[*37] 不動産収益の特殊性を重視し、その不動産の所有者がだれであるかを重視すべきとの判断基準を採用し、登記簿上も契約書（賃貸借契約書及び売買契約書）上も法人（会社）が名義人になっていたため、法人に帰属するとの判断をしました。具体的には、次のような判示でした。

「本件では、本件各不動産の譲渡及び賃貸から生ずる収益（売却代金、賃料収入等）の帰属

＊36　谷口・前掲注32・185頁では、実質所得者課税の原則を定めた「規定は複雑難解といわれる税法規定の中でも特に難解な規定の1つ」であると述べられています。

＊37　東京地裁平成26年5月21日判決・判タ1412号296頁。

者が誰であるかが問題とされているところ、収益が誰に帰属するかについて、所得税法12条は、『資産又は事業から生ずる収益の法律上帰属するとみられる者が単なる名義人であって、その収益を享受せず、その者以外の者がその収益を享受する場合には、その収益は、これを享受する者に帰属するものとして、この法律の規定を適用する。』と定めている（法人税法11条にも同様の規定がある。）。この条文は、実質主義を定めた条文であるといわれているが、課税の対象である利益は、経済活動ないし経済現象に基づいて発生するものであるところ、その経済活動ないし経済現象は、第一次的には私法によって規律されているのであるから、課税は、原則として私法上の法律関係に即して行われるべきものであり、このことは、租税法律主義の目的である法的安定性を確保するためにも必要なことといえる。したがって、前記条文の意味する『実質』も、法による枠組みを離れた犯罪行為等による収益の場合を除いては、基本的に法的な意味での実質をいうものと解される。そして、本件における各収益が、直接には本件各不動産の売買契約又は賃貸借契約に基づいて発生していることからすれば、これらの契約当事者である売主又は貸主が、収益を享受する者といえる」

しかし、控訴審では、この判断基準（判断枠組み）は誤りであるとして、無罪判決を言い渡した第1審判決を破棄します。[*38] そして、事実認定をやり直させるべく第1審に差し戻しました。次のような判示でした。

「……所得税法上、事業所得においては、資産価値の増加（収益）は、事業活動を行う個人に帰属する建前であるから、その収益（所得）の帰属を認定するに当たっては、事業活動に属する取引（事業取引）の主体は誰かという観点から検討するのが相当であると解される。この判断に当たっては、事業所得の範囲が、本人の人的活動のみならず、個人事業者の計算（費用負担）により、その従業員や外部委託先等の人的活動を利用して、収益を得ることも予定されているから、取引の行為者を形式的にみるだけでは十分ではなく、事業の経営主体が誰であるかを実質的に検討すべきであって、事業所得の帰属が損益計算の帰属を基準に判断されることに照らしても、事業活動の存否及びその実態等（各関係会社の事業実態及び会計処理の実情を含む）について、十分に考慮する必要がある。」

この判決は、所得区分が事業所得であることを前提に、その場合の所得の帰属を考えるものです。帰属の問題と所得区分の問題のうち、どちらを先に考えるべきかについては明確な議論

＊38　東京高裁平成28年2月26日判決・判タ1427号133頁。最高裁平成29年9月5日第二小法廷決定・公刊物未登載（棄却）。

がないところですが、この判決は所得区分をみたうえでその帰属を考えるという思考方式です。事業所得の帰属については、経営主体がだれであるかをみて帰属を考えるものだからです。

「実質所得者課税の原則」に関する過去の裁判例が、法律的帰属説か経済的帰属説かという理論的な検討をしないままに事実認定をしていた流れのなかで、この事件の第1審判決（東京地裁平成26年判決）は、しっかりとした理論構築をしようと試みたものということができると思います。また、これを受けて、控訴審判決（東京高裁平成28年判決）も、第1審とは異なる角度からの詳細な理論展開を試みたといえます。しかし、この議論を決着させる最高裁判決はまだありません。

このように「実質所得者課税の原則」は、理論的にも、現実の適用においても、むずかしい判断を迫られるもので、判例上も理論上も明快な答えが見出されていないのが現状です。さらなる理論研究と判例の蓄積が求められるテーマであることは、間違いありません。

現実の適用については、過去の裁判例をみると、親子などの家族の共同事業における事業所得の帰属主体が争われたものと、株式会社などの法人が行った事業活動の実質が代表者などの個人に帰属するのではないかが争われたものが多くあります。前者については、56条でお話をした「所得分割の視点」が、課税庁側には本音としてはあると思われます。また、後者については、法人として設立された会社の経済活動は本来的には法人の所得として法人税が課されるはずです。にもかかわらず、**その実質をみて個人に帰属するとして所得税が課されるとなれば、「法人格を否認されるに等しい課税になる」という問題が起きます。**

理論的にむずかしい議論がなされているのは、実務的にこうした問題に法律（実質所得者課税の原則）の適用でどこまで対応できるのかという限界が含まれているからだと理解していただければ、このテーマの初歩としては十分です。

人的帰属については以上です。本章では、課税単位をみたうえで、所得がだれに帰属するのか、という問題を解説しました。所得の帰属を考えるにあたって、またこれまでの章でも、必要に応じて、所得の種類（所得区分）について言及してきました。

次章では、いよいよ10種類ある所得区分についてお話をします。詳細に入ると、論点も判例も最も多いテーマですが、本書が一般読者の方を対象にしたものであることを考え、所得区分のイメージがつかめるよう、大きな観点からとらえたお話をしたいと思います。

INCOME
TAX LAW

第5章

事業所得か？　一時所得か？　雑所得か？

——10種類の所得区分とその仕組み

INCOME TAX LAW 1

10種類の所得区分と所得金額の計算

本章では、非課税所得にもあたらず、所得税の課税対象になる所得が、どの所得に分類されるのかを説明していきたいと思います。所得税法は、所得に種類を設け、合計10種類の**所得区分（所得分類）**を規定しています。

新たな経済的価値を得れば、理由や原因を問わず所得にあたると考える「純資産増加説」によれば、どのような理由や原因で得た所得であるかは問わないと考えるのが自然でしょう。

実際、法人が得た所得に対して課税される法人税においては、所得税のような所得の種類（所得区分・所得分類）はありません。どのような原因・理由で得た所得であっても、法人税法が法人税を計算する際に考える「各事業年度の所得」の金額は、「益金（収益）－損金（原価・費用・損失）」で算定されるだけです（法人税法22条1項～3項）。この所得金額に税率をかければ、基本的に法人税額が算出されるようになっており、とてもシンプルです。

■所得区分ごとに所得金額の計算方法が異なる理由

これに対し、所得税の場合は、その年分（1年間）に得た所得金額を計算する際、どの所得区分（所得分類）にあたるのかを確定させたうえで、その所得区分ごとに用意されている異なる計算方法が用いられることになります。具体的には次の通りです。

（所得金額の計算）

- **利子所得の金額**＝収入金額（所得税法23条2項）
- **配当所得の金額**＝収入金額－負債の利子（同法24条2項）
- **不動産所得の金額**＝総収入金額－必要経費（同法26条2項）
- **事業所得の金額**＝総収入金額－必要経費（同法27条2項）
- **給与所得の金額**＝収入金額－給与所得控除額（同法28条2項）
- **退職所得の金額**＝（収入金額－退職所得控除額）×2分の1（同法30条2項）（※1）
- **山林所得の金額**＝総収入金額－必要経費－特別控除額（同法32条3項）
- **譲渡所得の金額**＝総収入金額－（取得費＋譲渡費用）－特別控除額（同法33条3項）
- **一時所得の金額**＝総収入金額－その収入を得るために支出した金額－特別控除額（同法34条2項）
- **雑所得の金額**＝総収入金額－必要経費（同法35条2項2号）（※2）

（※1）特定役員退職手当等については、2分の1課税なし（同法30条2項かっこ書）
（※2）公的年金等については、収入金額－公的年金等控除額（同法35条2項1号）

このように一見複雑にみえる所得金額の計算も、シンプルにわかりやすく考えると**「収入－経費」**として理解することが可能です。そうすると、先ほどみた法人税の所得金額が「益金－損金」であったこと、また法人税が基礎にする会計上の利益が「収益－費用」で計算されることと、用語に違いはあるものの、おおむね同じようにパラレルに考えることができるでしょう。

とはいえ、所得税法が定める所得金額の計算は、たとえば、給与所得の金額は法が定める給与所得控除額のみを控除できる概算控除になっており、事業所得のような実額控除（必要経費にあたる支出がある限り、上限なく控除できる）とは明らかに異なっています。

この点の不平等を裁判で争ったのが、前著（『教養としての「税法」入門』）で詳説した「大島訴訟」でした。また、同じ勤務先からもらうお金でも、退職の際にもらうと退職所得となり、給与所得控除額よりもはるかに大きな控除が可能になります。退職所得控除額は、後述するように、勤続年数に一定額を乗じることで計算されるものになっており、さらに原則として退職所得控除額を控除した後の2分の1（半分）にのみ所得税が課される仕組みになっているからです（**2分の1課税**）。これは、退職金が過去の勤務に対する労務の対価の後払いとして支払われることに着目したものです。

また、通常は退職後の生活保障の必要性もあります。すなわち、一時金として支払われる数千万円について、給与所得として給与所得控除額を控除する計算をしてしまうと（給与所得控除額は、現行法では最大で220万円です）、所得税額が高額になってしまい（手元に残るお金が少なくなってしまい）、妥当ではないのです。

このように、所得を得た原因や理由によって10種類の所得に分類し、それぞれの所得ごとに所得金額の計算方法を異ならせる扱いがされているのは、個人の所得では、所得を得た原因や理由により、その個人の「担税力（税負担能力）」は異なると考えられているからです。

たとえば、**資産性所得（利子所得、配当所得、不動産所得、譲渡所得、山林所得など）**の場合、**勤労性所得（給与所得、退職所得）よりも担税力は高い**と考えられています（その中間には、**資産勤労結合所得（事業所得）**があると考えられています）。

また、**所得源泉性のある所得（給与所得、事業所得など）**は、**所得源泉性のない所得（一時所得、譲渡所得）に比べ、継続的・恒常的に得られる点で、担税力が高い**と考えられています。

理論的に考えると、このように所得は、①資産性所得か勤労性所得か、②所得源泉性のある所得か否か、といった2つの視点により、それぞれ相対的に担税力の高低を考えることができます。このような視点も踏まえ、現在の日本の所得税法は、10種類の所得区分（所得の種類）を想定し、それぞれの所得について一般的に考えられる担税力を基礎に、所得金額の計算方法を定め、また所得税額の計算方法をも定めるという方式を採用しています。

■所得区分の趣旨について言及した判決

この点について最高裁も、次のように判示しています（特に網掛け部分を参照）。

「……事業所得（同法27条1項、同法施行令63条12号）と給与所得（同法28条1項）のいずれに該当するかを判断するにあたっては、租税負担の公平を図るため、所得を事業所得、給与所得等に分類し、その種類に応じた課税を定めている所得税法の趣旨、目的に照らし、当該業務ないし労務及び所得の態様等を考察しなければならない。[*1]」

「……いずれの所得区分に該当するかを判断するに当たっては、所得の種類に応じた課税を定めている所得税法の趣旨、目的に照らし、所得及びそれを生じた行為の具体的な態様も考察すべきである[*2]」

以上は最高裁の判決ですが、最近の裁判例で端的に次のように判示されたものもあります。

「所得税法が上記のように所得を区分しているのは、所得は、その性質や発生の態様によって担税力が異なるという前提に立って、租税負担の公平を図るため、各種類の所得について、それぞれの担税力の相違を踏まえ、その性質に応じた金額の計算方法を定め、また、その発生の態様に応じた課税方法を定めるためであると解される。[*3]」

■所得区分が設けられるまでの経緯

日本の所得税が現在の10種類の所得区分を規定したのは、昭和22年（１９４７年）からです。創設された当初の所得税法（明治20年所得税法）では、所得区分はありませんでした。

昭和15年（１９４０年）に法人税法が創設され、法人税が所得税から独立した際、所得税法も大改正がなされ、分類所得税が導入されます。このときは不動産所得、配当利子所得、事業所得、勤労所得、山林所得、退職所得という6種類の所得が一応設けられてはいました。もっとも、一時所得や譲渡所得には課税されず、制限的所得概念が採用されていました。

昭和22年（１９４７年）の所得税法改正により、現在の総合所得税としての制度が作られ、一時所得にも課税されるようになりました。

さらに昭和25年（１９５０年）改正で雑所得が創設され、10種類の所得区分が設けられるこ

＊1　最高裁昭和56年４月24日第二小法廷判決・民集35巻３号６７２頁。
＊2　最高裁平成27年３月10日第三小法廷判決・前掲注第３章32。
＊3　東京地判平成28年５月27日判決・公刊物未登載。

とになりました。所得区分ごとに計算方法は異なるものの、それぞれの所得金額を合計して総所得金額を計算し、これをベースに所得控除をすることで計算された課税総所得金額に税率を適用して所得税額を計算するのは、まさに**総合所得税**といえます。（第1章で説明した通り、分離課税の例外もあります）。

所得税額の計算においては、このように所得金額の計算が全体の基本になっています（第1章参照）。これに加え、それぞれの所得金額を合計（総合）する際、つまり総所得金額を計算する際に、2分の1のみを算入すればよいとされている所得区分もあります。一時所得、長期譲渡所得（資産の取得から5年を超えてからの譲渡）です。ここで思い出していただきたいのが「所得概念の議論」です（第3章）。

一時所得も長期譲渡所得も、反復継続性（所得源泉性）のない所得で、戦前の制限的所得概念が採用されていた時代では所得税が課されていなかったものです。包括的所得概念の下で所得として把握して課税される現行法においても、所得源泉性のない所得は担税力が低いことは認めざるを得ません。このことから、一時所得や長期譲渡所得については総所得金額に算入する際に2分の1のみとされる「2分の1課税」が採用されていると考えることもできます。[*4] 所得区分によって、所得金額だけでなく、所得税の計算方法も異なると説明したのは、この点があるからです。

■取引が複雑化した現代では、所得区分の判断はむずかしい

抽象的で理論的な説明が続きました。このように担税力の相違から所得区分が10種類に分けられ、所得金額や所得税額の計算方法を異ならせている所得税法は、現代の複雑化したさまざまな取引に果たして対応できているのでしょうか。

所得税という税金を徴収するためには、所得税法という法律の適用が必要になります。所得税法を適用する対象となる事実は、たとえば会社から給料をもらった（**給与所得**）、定年退職をした際に退職金をもらった（**退職所得**）、個人事業として始めたカフェの経営により収入を得た（**事業所得**）、親から相続した土地を譲渡して売却代金を得た（**譲渡所得**）、娯楽として購入した馬券の払戻金を得た（**一時所得**）というような、所得税法の所得区分にあてはまる典型例である場合には、法の適用に大きな問題は生じません。

ところが、金融機関から組合が債務免除を受けた（一時所得なのか、雑所得なのか）、従業員が取締役になる際に退職金が支払われた（退職所得なのか、給与所得なのか）、会社を退職して馬券の払戻金だけで生計を立てていた（事業所得か、一時所得か、雑所得か）、勤務先の

＊4　ただし、一般的には、長期譲渡所得については、資産の譲渡の際に一時に課税することから累進税率を緩和する必要があり、2分の1課税になっていると説明されています。

会社から職務発明による特許を受ける権利の譲渡として社内規程により金銭の支払を受けたものの「対価として相当でない」として訴訟を起こし和解金が支払われた（譲渡所得か、一時所得か、雑所得か）、確実に利益が得られる方法を設定できる自動購入ソフトを用いる馬券購入により多額の利益を継続して得ていた（一時所得か、雑所得か）というように、**所得税法が適用される対象である事実が現代の複雑化した取引等に応じて具体的に変化した場合、どの所得にあたるのかについての争いが起きます。**

税務訴訟の結果である税務判例は、重要かつ基本的なものは法学部の税法の授業や演習（ゼミ）、法科大学院の租税法の授業、大学院法学研究科の税務判例演習などで学習・研究されることになります。その多くは所得税法であり、この章で取り上げる所得区分の争いです。

法科大学院を修了した者が受けることができる法曹（裁判官・検察官・弁護士）になるための**司法試験の選択科目である租税法の論文試験でも、毎年、長い事例形式で所得区分の判断を受験生に求める出題がなされています。**最高裁の確定判断が出るまでに、下級審では判断が分かれるということも少なくなく（第1審の地裁、控訴審の高裁で、同じ事案なのに所得区分について異なる判断がなされる例は少なくありません）、むずかしい判断を求められる事例が増えています。

しかし、微妙な所得であるからといっても、複数の所得区分に同時に該当すると考えることはできません。この点について、「所得税法21条1項1号、22条以下の規定等に照らせば、同法は、一の居住者（同法2条3号）について生じた所得は、すべて上記10種類の所得のいずれかに分類され、かつ、これら各種類の所得の間に重複は生じないことを前提としていることが明らかである」として「10種類のいずれかの所得に区分され、これが複数の種類の所得に重複して区分されることはあり得ない」と判示した裁判例があります。[*5]

■「競馬所得」は一時所得？　それとも雑所得？

特に最近では、「所得税法や通達が想定していなかった新たな態様によって生じた所得に関し所得税法の解釈が問われた事件であることなどから、最高裁の判断が注目されていた事案[*6]」と評された、競馬所得についての一連の事例があります。

競馬の馬券の払戻金によって得た所得について、国税庁長官が発遣している通達（所得税基本通達）には、一時所得にあたると書かれていたのに、雑所得であると判断された最高裁判決が平成27年（2015年）に言い渡されました。[*7]

この判決の後にも、似たような別の事件で一時所得にあたると第1審で判断された事件があ

＊5　大阪高裁平成22年9月29日判決・税資260号順号11520、大阪地裁平成22年3月12日判決・税資260号順号11395。
＊6　楡井英夫「判解」法曹時報68巻2号287～288頁。
＊7　最高裁平成27年3月10日第三小法廷判決・前掲注第3章32。

りました。[*8] しかし、控訴審では別の事件の最高裁と同じ雑所得という結論になり、[*9] 最高裁でもこの判断が維持される判決が平成29年（2017年）12月に出ました。[*10]

これらの2件は、いずれも勤務先（最高裁平成27年判決の被告人は会社員で、最高裁平成29年判決の原告は公務員でした）があり給与収入（給与所得）があるなかで、競馬収入も得ていた事案でした。他方で、会社を退職した後に（給与収入はなく）、馬券の払戻金のみで収入を得ていたため事業所得として確定申告をした納税者がいて、それは「事業」ではなく、「一時所得」であるという更正処分がされた事例も出現しました。

裁判所は、競馬により収入を得ることは「事業」とはいえないとして、事業所得該当性を否定し、一時所得であると判断しています。[*11] なお、最高裁平成27年判決と最高裁平成29年判決の事案は、多額の利益を確実に得る仕組みを作り継続的に利益を得続けていた特殊な事案であったため、雑所得にあたると判断されましたが、今でも一般的な娯楽としての競馬（たとえ常連であっても）から得た払戻金による利益は一時所得にあたると解されています。

通達に規定されていることと異なる判断が裁判所でされるのは、租税法律主義（憲法84条）の下では課税をするための要件（課税要件）は法律に求められなければならないからです。そして、法律の規定の行政解釈を示した**通達の規定は参考になることはあっても、課税の根拠にはならない**と理解されているからです。その点についても、後ほど触れますが、競馬のこの例をみるだけでも、ある人が得た所得がどの所得区分にあたるかについては、所得税法が想定しているような典型例（先ほど挙げたような例）ではない場合、複数の解釈が成り立ち、最後は裁判所に決めてもらうしかないというのが実情です。

このような所得区分の争いが裁判になるのは、どの所得にあたるかによって、所得税額が変わるからです。当然ですが、課税庁は高い所得税額になる所得区分を主張し、納税者は低い所得税額になる所得区分を主張することになります。競馬の事件を例に考えると、**一時所得は2分の1課税（半分しか課税されない）ですから、一般的には納税者に有利な所得区分です。**

しかし、裁判では課税庁の側が一時所得を主張しています。それは、これらの事件の争点が「外れ馬券の購入代金も所得金額を計算する際に控除できるか」にあったからです。一時所得にあたるとなると2分の1しか課税されませんが、所得金額を計算する際には「その収入を得るために支出した金額」で「直接要した金額」のみが控除できると規定されているため（所得税法34条2項）、当たり馬券の購入代金しか引くことができません。

これが雑所得、あるいは事業所得となれば、必要経費を控除することができます。必要経費

＊8　東京地裁平成27年5月14日判決・判時2319号14頁。
＊9　東京高裁平成28年4月21日判決・判時2319号10頁。
＊10　最高裁平成29年12月15日第二小法廷判決・前掲注第3章32。
＊11　横浜地裁平成28年11月9日判決・公刊物未登載、東京高裁平成29年9月28日判決・公刊物未登載。

は収入を得るために直接要した費用だけでなく、間接的な支出も含まれるからです。そのため、馬券の払戻金によって得た所得が雑所得または事業所得にあたれば、必要経費として外れ馬券の購入代金も控除することができます。

つまり、**これらの裁判では、2分の1課税になることよりも、所得金額を計算する際に外れ馬券の購入代金を経費として控除できることのほうが、所得税額を大きく減らすことができるため、課税庁が一時所得を主張し、納税者が雑所得（ある事件では事業所得）を主張する、ということが起きたのです。**

この競馬所得の例からもわかるように、所得区分の争いは具体的な税額に直結するものでありながら、**所得税法が規定する所得区分は、その定義も抽象的で判断をすることが容易でないものも多くあります。**

本章では、それぞれの所得について典型例を紹介したうえで、特に最近問題とされた判例や問題意識を中心に述べていきたいと思います。

INCOME TAX LAW 2

給与所得
——給与概念はどこまで広がるのか？

給与所得は、これまで折に触れて例として挙げてきた通り、会社に勤めている従業員がもらう毎月の給料や賞与（ボーナス）、官公庁などに勤める公務員がもらう俸給（給料）や賞与などが典型例の所得です。従業員といいましたが、取締役や監査役、理事などの役員が会社や法人からもらう報酬・賞与も給与所得にあたると解されています。また、代表取締役や理事長などの役員のなかで、その法人の代表権を有する者であっても、その者が会社などの法人から支給を受ける役員報酬や賞与などは、やはり給与所得にあたると解されています。

このような具体例はあくまで給与所得をわかりやすく理解するためのイメージです。所得税法が規定する給与所得とは、どのようなものかというと、次のように規定されています。

> **第28条**　給与所得とは、俸給、給料、賃金、歳費及び賞与並びにこれらの性質を有する給与（以下この条において「給与等」という。）に係る所得をいう。

このように、給与所得とは、「**俸給**」「**給料**」「**賃金**」「**歳費**」「**賞与**」が例示として列挙されているものの、「**これらの性質を有する給与**」も含まれると定められています。

俸給とは、公務員がもらう給与のことです。そこで、裁判官の給料も国家公務員として国からもらう「俸給」にあたり、給与所得にあたることになります。また、歳費とは、国会議員や地方議会議員がもらう議員報酬のことです。この5つの例示については、規定がされているので明確です。

ところが、この5つの例示にあたらないとしても、「これらの性質を有する給与」、つまり、今みた「俸給」「給料」「賃金」「歳費」「賞与」（＝これら）の性質をもっているものといえれば給与所得にあたる、ということも規定されています。

そうすると、結局、給与所得とは何なのかという定義、要件については、この所得税法28条1項を読むだけではわからないことになります。「これらの性質を有する給与」も含めた給与所得の概念（給与概念）は、法解釈に委ねられることになります。

■給与所得と事業所得の解釈を示した判例

この点について、最高裁は次のように判示しています（最高裁昭和56年判決）。[*12]

「……給与所得とは雇傭契約又はこれに類する原因に基づき使用者の指揮命令に服して提供し

た労務の対価として使用者から受ける給付をいう。」

弁護士が顧問先から得た報酬（顧問料）が給与所得にあたるか事業所得にあたるかが争われた事案だったのですが、最高裁昭和56年判決はこのように給与所得の定義を示し、また、事業所得についても次のように判示し、結論としては事業所得にあたると判断しました。

「……事業所得とは、自己の計算と危険において独立して営まれ、営利性、有償性を有し、かつ反覆継続して遂行する意思と社会的地位とが客観的に認められる業務から生ずる所得をいい」

給与所得にあたるか、事業所得にあたるかという判断をする際には、事業所得は独立して事業活動を行うことで利益や損失が自身に帰属することを特徴としている（**独立性**）のに対し、給与所得は会社や官公庁などの組織に従属した地位にあり、その組織に労務提供をすることで対価としての給与などを得る（**従属性**）という違いがあることがわかります。

＊12　最高裁昭和56年4月24日第二小法廷判決・前掲注1。

もっとも、両者は、契約形態や働き方によって区別が微妙になる場合もあります。

■給与所得該当性が争われた裁判例

たとえば、これまでの裁判例では、①交響楽団からバイオリン奏者がもらう報酬が事業所得ではなく給与所得にあたるとされた事例[*13]、②電力会社から委託を受けて検針を行う検針員がもらう報酬が給与所得ではなく事業所得であるとされた事例[*14]、③民法上の組合の組合員がりんご生産活動を行った対価として組合からもらった労務費が事業所得ではなく給与所得であるとされた例[*15]、④大学の非常勤講師がもらう報酬が事業所得や雑所得ではなく給与所得であるとされた例[*16]、⑤麻酔科医が病院からもらう報酬が事業所得ではなく給与所得であるとされた例[*17]、⑥塾講師や家庭教師として塾や家庭の紹介を受ける登録先の会社から業務委託契約に基づき支払われた報酬が事業所得や雑所得ではなく給与所得とされた例[*18]、などがあります。

これらの判決をみていくと、雇用契約が締結されていなくても給与所得とされている例があることがわかります。この点については、次のようにそれぞれ判示されています。

「……X〈筆者注：原告・控訴人〉はバイオリニストとして相当高度の技術を有しているものであろうことは充分推認しうるところであり、かつ、Xが日フィル又はB等からうける報酬が、その主張の如く雇傭、請負、委任などの要素の混合した楽団参加契約ともいうべき一種の無名契約に基くものであるとしても、それはXが楽団に所属し、そのスケジュールに従ってその指揮拘束を受ける従属的立場において提供する役務の報酬として支払われたものであり、Xが右各楽団を主宰するものでないことはもちろん、そのスケジュールの企画、策定、実行にも直接参画するものでもないことは弁論の全趣旨から明らかであるから、……Xが右楽団から取得する収入についてY〈筆者注：税務署長・被告・被控訴人〉においてこれを給与所得と目して課税したことにはなんら違法の点はない。」（①の事例）

「……組合員に対する金員の支払であるからといって当該支払が当然に利益の分配に該当することになるものではない。また、当該支払に係る組合員の収入が給与等に該当するとすることが直ちに組合と組合員との間に〈筆者注・両者の法律関係は組合契約により形成されていました〉矛盾した法律関係の成立を認めることになるものでもない。」（③の事例）

＊13　東京高裁昭和47年9月14日判決・判タ289号355頁。
＊14　福岡高裁昭和63年11月22日判決・税資166号505頁。
＊15　最高裁平成13年7月13日第二小法廷判決・訟月48巻7号1831頁。
＊16　大阪高裁昭和57年11月18日判決・行集33巻11号2316頁、大阪高裁平成22年9月29日判決・前掲注5。
＊17　東京地裁平成24年9月21日判決・税資262号順号12043。
＊18　東京高裁平成25年10月23日判決・税資263号順号12319。

「……当該所得の給与所得該当性等の検討に当たって、当事者の認識（意思）をも考慮すべきであるが、これを他の要素よりも格別重視しなければならないとする根拠はない。例えば、実質が雇用契約であるにもかかわらず、業務を行う側にとって労務提供等の対価を事業所得とし、支払をする側にとって外注費に当たるような形式の契約を締結したからといって、雇用契約に基づく報酬としての収入（支払）が給与所得でなくなるものではなく、このように解したからといって、私人間の契約を著しく軽視することにはならない。」（⑥の事例）

最高裁が示した給与概念も**「雇用契約」だけではなく、「これに類する原因」**を挙げていました。そこで、この要件を**「雇用類似要件」**と呼ぶことがあります。たとえば、取締役などの役員は会社との間では雇用契約ではなく**委任契約**が締結されます（会社法３３０条）。しかし、雇用契約に類する原因と考えられて、**役員報酬も給与所得**にあたるのです。

ここで注意すべきは、**委任契約が雇用類似要件を必ず満たすわけではない**、ということです。むしろ委任契約は、弁護士が依頼者と締結する契約が典型例であり、**弁護士が依頼者からもらう報酬は事業所得**にあたります。委任契約は給与所得ではないベクトルに働くものではありますが、内容をみて給与所得にあたるかそうではないのかをみることになります。このように、どのような契約を締結するかだけでは、所得区分は判定することができないのです。

また、**報酬をもらう側に一定の裁量が与えられていたとしても、給与所得該当性は否定されない**という特色もあります。先に挙げた裁判官の報酬を考えても、裁判官は判決を書く際に、裁判所から判決の結論や内容について指示を受けることはありません。職権行使の独立が裁判官には憲法上保障されているからです（憲法76条3項）。

しかし、裁判所という組織に属し、その組織が定めるルールに則り、裁判所の法廷という組織が用意した場所で、自らの裁量・権限を行使して職務を行うものですから、給与所得にあたるのです。

裁判例をみても、それぞれ次のように判示されています。

「〈筆者注・所得税法28条1項の〉俸給、給料等はいずれも例示として列挙されたものであり、右規定の主眼は「これらの性質を有する給与」にあるというべきであるが、右列挙されたものとの関連において考えると、『これらの性質を有する給与』とは、単に雇傭関係に基づき労務の対価として支給される報酬というよりは広く、雇傭またはこれに類する原因（例えば、法人の理事、取締役等にみられる委任または準委任等）に基づいて、非独立的に提供される労務の対価として、他人から受ける報酬及び実質的にこれに準ずべき給付（例えば、各種の経済的利益等）をいうと解すべきである。……提供される労務の内容について高度の専門性が要求され、本人にある程度の自主性が認められる場合（国会議員の歳費や普通地方公共団体の議会の議員の報酬など可成り性質の異なるものも給与所得とされている。）であっても労務がその雇傭契約に基づき他人の指揮監督の下に提供され、その対価として得られた報酬等である限り、給与所得に該当するといわなければならない。[*19]」（④の事例）

「使用者の指揮命令に服して労務を提供するものであるか否かは、労務提供の形態、すなわちその業務を行う対象、場所、時間などを他者が決定し、それに従って労務や役務の提供が行われているか否かという問題であって、業務遂行に必要な様々な判断が自分自身でできるからといって、他者の指揮命令に服していないということにはならないと解すべきである。

このことは、国会議員や裁判官など、職務遂行に必要な判断等については、他者の指揮命令に服することなく独立して行っている職種についても、業務を行う対象、場所、時間などの業務の形態について、たとえば議員でいえば、出席すべき委員会やそこでの議事の対象、委員会や本会議が行われる日時や場所など、裁判官でいえば勤務すべき裁判所や法廷の場所、扱うべき事件や開廷できる時間などについて、他者に規律されて職務を遂行し、その業務の内容や成果等に応じて変動する収益を得たり費用負担をしたりする報酬体系になっていない者については、その報酬は給与所得とされていることからも明らかである。」（⑤の事例）

最近の最高裁判決では、序章でも紹介した事例で、権利能力のない社団が有していた理事長に対する48億円の貸付金について債務免除をしたことによって生じた債務免除益が給与所得にあたるとされたものがあります。[*20] 金銭ではなく「経済的な利益」も所得にあたる以上（所得税法36条1項かっこ書）、給与所得についても、こうした金銭以外の利益の場合も含まれることになります。

たとえば、外国親会社が日本子会社の役員等に付与したストック・オプション（親会社の株式をあらかじめ定められた権利行使価格で購入できる権利）の権利行使益（権利行使時の時価と権利行使価格の差額）が給与所得にあたるとされた最高裁判決があります。[*21] 詳細は前著で解説しましたので省略しますが、これも「経済的な利益」が給与所得にあたるとされた例です。

フリンジ・ベネフィット（追加的給付）については、非課税所得（第3章）でも説明しましたが、勤務先から得る給与以外の通勤手当や制服支給、現物での業務上必要な物品の支給などがある場合、これらもその時価相当額について給与所得にあたることになります。ただし、非課税所得として課税されないものが実際には多くなっています。

この点については、第3章で説明したように所得税法9条の非課税所得で規定されています

＊19　大阪高裁昭和57年11月18日判決・前掲注16。
＊20　最高裁平成27年10月8日第一小法廷判決・前掲注序章21。
＊21　最高裁平成17年1月25日第三小法廷判決・民集59巻1号64頁。

（同法9条1項4号、5号、6号等）。さらに通達でも、さまざまな非課税を規定しています（「課税しなくて差し支えない」という実務上の配慮を示す規定になっているのですが[*22]、租税法律主義の観点からは本来、非課税規定も法律で定める必要があるため、問題視する論者もいます。ただし、**少額不追及**という観点から課税実務上の取扱いを定めたものと考えれば、その意味はあるということもできます）。

話を戻しますと、債務免除益を給与所得にあたるとした最高裁平成27年判決は、給与概念について、最高裁昭和56年判決と少し表現を変えながら次のように判示しています。

「所得税法28条1項にいう給与所得は、自己の計算又は危険において独立して行われる業務等から生ずるものではなく、雇用契約又はこれに類する原因に基づき提供した労務又は役務の対価として受ける給付をいうものと解される」

このように給与概念を、先例である最高裁昭和56年判決から微妙に変更しているようにみえる点について（最高裁昭和56年判決にはあった「使用者の指揮命令に服して」という従属性要件を示す文言が削除されています）、筆者は問題視する形で論文を書いたことがあります[*23]。所得税法の入門書である本書では、この点については特に触れません（ご興味のある方はインターネットで検索していただければ論文をＰＤＦで閲覧できます）。ただ、これに関連して給与概念については、従属性要件と非独立性要件（独立性がないこと）のとらえ方をめぐり、専門家の意見が複数提示されるに至っています。[*24] 答えはありませんが、わかりやすそうな給与所得1つをみても、その概念（要件と範囲）を明確に画することはむずかしい、ということです。

給与所得にあたる場合、その支払をする者（通常は会社などの勤務先）は、源泉所得税を徴収（天引き）し、翌月10日までに税務署に納める義務を負います（所得税法183条1項）。本書でもすでに解説をした源泉徴収義務です（序章参照）。この「支払」概念も、日本語の支払という用語からは離れ、拡張して解釈される傾向にあります。[*25] 債務を免除することを「支払う」とは、通常の日本語の感覚ではいわないですよね。しかし、債務免除は「給与等の支払」にあたるとして、源泉徴収義務が生じると解されています。[*26]

＊22　たとえば、「使用者から役員又は使用人に対し雇用契約等に基づいて支給される結婚、出産等の祝金品は、給与等とする。ただし、その金額が支給を受ける者の地位等に照らし、社会通念上相当と認められるものについては、課税しなくて差し支えない。」という規定があります（所得税基本通達28－5）。

＊23　木山泰嗣「給与概念の確立と変容」青山法学論集57巻4号（2016年）115頁。

＊24　酒井克彦「所得税法における給与所得該当性の判断メルクマール―従属性要件と非独立性要件―」中央ロージャーナル14巻1号（2017年）83頁、團野正浩「所得税法における給与所得該当性に関する考察」新潟大学経済論集98号（2015年）43頁等参照。

＊25　青柳達朗「所得税法183条の『支払』について」税大ジャーナル5号（2007年）58頁参照。

＊26　最高裁平成27年10月8日第一小法廷判決・前掲注序章21参照。

◎給与所得控除額（所得税法 28 条 3 項）

一　収入金額が 180 万円以下である場合 当該収入金額の 100 分の 40 に相当する金額 （当該金額が 65 万円に満たない場合には、65 万円）
二　収入金額が 180 万円を超え 360 万円以下である場合 72 万円と当該収入金額から 180 万円を控除した金額の 100 分の 30 に相当する金額との合計額
三　収入金額が 360 万円を超え 660 万円以下である場合 126 万円と当該収入金額から 360 万円を控除した金額の 100 分の 20 に相当する金額との合計額
四　収入金額が 660 万円を超え 1000 万円以下である場合 186 万円と当該収入金額から 660 万円を控除した金額の 100 分の 10 に相当する金額との合計額
五　収入金額が 1000 万円を超える場合 220 万円

（注）平成 30 年改正により、給与所得控除額は一律 10 万円引き下げ、上限額が適用される収入金額は 850 万円とされるとともに、上限額は 195 万円になりました（適用は平成 32 年〔2020 年〕分から）。

社会福祉法人の理事長が横領した事案では、その横領金額についても「給与等の支払」であるとして法人に源泉徴収義務を認めた事案すらあります。[*27]

■法定されている給与所得控除額

給与所得の金額は、「収入金額－給与所得控除額」で計算されます。実額控除ではなく、概算控除となっていることはこれまでも説明してきた通りです。

給与所得控除額は、現行法では上の表のように規定されています（所得税法28条3項）。給与所得の収入金額が65万円に満たない場合でも、65万円までは給与所得控除額がありますので（所得税法28条3項1号かっこ書）、給与所得者は1年で65万円の収入があっても課税されません。この意味で、この65万円部分を「**課税最低限**」ということがあります。

課税最低限とは、憲法25条が保障する生存権、つまり「健康で文化的な最低限度の生活を営む権利」を具体化したものという意味です。

この65万円の給与所得控除額のほか、総所得金額からさらに控除できる所得控除としての基礎控除（38万円）も加えると、給与所得者は収入金額が103万円までは所得税が課されないことになります。この基礎控除（所得税法86条）や、配偶者控除（同法83条）、扶養控除（同法84条）などの所得控除も含めて課税最低限が保障されているというのが、これまでの所得税法の理論的な理解でした。

ところが、平成29年度（2017年度）税制改正で配偶者控除が改正され、収入制限が導入されました（施行は平成30年（2018年）分から）。また、平成30年度（2018年度）税制改正では、基礎控除についても収入制限がかけられることになりました（施行は平成32年（2020年）分から）。詳細は所得控除でお話ししますが、このような課税最低限であったはずの基礎控除や配偶者控除に収入制限を設けることが果たして妥当なのか、という問題があります。

＊27　大阪高裁平成15年8月27日判決・税資253号順号9416。

いずれにしても、給与所得の場合、収入金額から控除できるのは法定された給与所得控除額に限られるのが原則です。もっとも、これには例外もあります。**特定支出控除**（所得税法57条の2）といって、給与所得控除額の2分の1以上の実額での支出があった給与所得者には、証憑を添付した確定申告をするなどの要件を満たせば、その限りでの実額控除が認められているからです。

この特定支出控除の制度は、前著で詳細をお話しした大島訴訟の最高裁昭和60年大法廷判決が言い渡された後に、すぐに税制改正で創設されたものです。

しかし、その要件が厳格であったため、ほとんど利用されることがありませんでした。それが平成25年改正で、先ほど述べたように給与所得控除額の2分の1以上の支出があればよいとされたり、さらに特定支出控除が認められる支出の対象に、資格取得費（弁護士・公認会計士・税理士など）や図書費、衣服費、交際費が加えられたりするなどの拡充がなされました。これによって特定支出控除の利用者が増えました。なお、平成30年改正で、さらに対象が拡張されました。

INCOME TAX LAW 3

退職所得
――分掌変更でも税優遇措置を受けられる？

勤務先から支給されたものは給与所得になるのが原則ですが、退職に基因して支給されたものは（要件を満たせば）**退職所得**になります（所得税法30条1項）。退職所得の定義については、次のように規定されています。

> **第30条**　退職所得とは、退職手当、一時恩給その他の退職により一時に受ける給与及びこれらの性質を有する給与（以下この条において「退職手当等」という。）に係る所得をいう。

このように「退職手当、一時恩給その他の退職により一時に受ける給与……に係る所得」だけでなく、「これらの性質を有する給与……に係る所得」も「退職手当等」として、退職所得に該当することになります。「**これらの性質を有する給与**」とあるように、退職所得は本来、給与所得にあたるものです。それが退職所得の要件を満たす場合には、退職所得という別の所得区分にあたるのです。そうすると、なぜ給与所得とは別に退職所得という所得区分が設けられたのかを理解する必要があります。

本章の冒頭でも触れましたが、退職所得にあたると、給与所得のような最大でも２２０万円の給与所得控除額ではなく、勤続年数に応じて控除額が増えていく退職所得控除額を収入金額から控除することができます（同法30条2項、3項）。条文は、次の通りです。

> 2　退職所得の金額は、その年中の退職手当等の収入金額から退職所得控除額を控除した残額の2分の1に相当する金額（当該退職手当等が特定役員退職手当等である場合には、退職手当等の収入金額から退職所得控除額を控除した残額に相当する金額）とする。
>
> 3　前項に規定する退職所得控除額は、次の各号に掲げる場合の区分に応じ当該各号に定める金額とする。
>
> 一　政令で定める勤続年数（以下この項及び第6項において「勤続年数」という。）が20年以下である場合　40万円に当該勤続年数を乗じて計算した金額
>
> 二　勤続年数が20年を超える場合　８００万円と70万円に当該勤続年数から20年を控除した年数を乗じて計算した金額との合計額

このように「（収入金額－退職所得控除額）×2分の1」で計算される退職所得の退職所得

控除額（ただし、特定役員退職手当等については[*28]、2分の1になりません）は、勤続年数が20年までの場合には「40万円×勤続年数」であり（同法30条2項、3項1号）、勤続年数が20年を超える場合には「勤続年数20年部分で1号で計算される８００万円（20年×40万円）」に「70万円×20年を超えた部分の勤続年数」を加えた額になります。

勤続年数が増えれば増えるほど退職所得控除額は上がり、勤続年数が20年を超えると計算される1年あたりの退職所得控除額が70万円ずつ増えるということです。

たとえば、勤続年数が35年で退職した者に支給された退職金については、「８００万円＋（70万円×15年＝１０５０万円）」で計算された１８５０万円が退職所得控除額になります。つまり、この場合、１８５０万円までは無税（所得税０）で退職金を受け取ることができる、ということです。

また、１８５０万円を超える部分についても、２分の１（半分）しか課税されない、ということです。なお、課税退職所得金額に税率（超過累進税率）をかけて退職所得に係る所得税額

＊28　特定役員退職手当等とは、退職手当等のうち、役員等としての政令で定める勤続年数が5年以下である者が、退職手当等の支払をする者から当該役員等勤続年数に対応する退職手当等として支払を受けるものをいうと定められています（所得税法30条4項）。なお、役員等とは、①法人税法2条15号に規定する役員、②国会議員及び地方公共団体の議会の議員、③国家公務員及び地方公務員を指します（同項かっこ書）。

は計算されますが、分離課税になっているため（所得税法22条1項）、他の所得があっても合算されることなく退職所得部分のみで累進税率をかけることになります。この点でも、退職所得は優遇されています。

以上をまとめると、**退職所得には、①（勤続年数に応じて控除できる額が増える）退職所得控除額、②2分の1課税、③分離課税という3点で、税優遇措置が採用されている**ことになります。

退職所得に税優遇措置が採られている理由

なぜ、退職所得には、このように極めて恵まれた税優遇措置が採られているのでしょうか。

それは、退職所得（退職金）は「**労務の対価の後払い**」であると考えられているため、一時金として支払われたものに通常の累進税率をかけるのは適切でないからです（**累進税率の緩和**）。これは後でお話しする長期譲渡所得が2分の1課税になっている点とも類似しています。

また、退職所得（退職金）は、通常の定年退職の場合、「**退職後の生活保障**」という機能も担っています。ここに給与所得と同じ課税をしてしまえば、高い累進税率が適用されて多くを税金にとられてしまいます。これでは退職後の生活保障という機能を阻害することになってしまいます。

こうした理由から、退職所得は税優遇措置が採られているのです。これらの点をまとめて説明した最高裁判決があります。退職所得の先例となっている最高裁昭和58年判決（**5年退職事件**）です。[*29]

「……このように、退職所得について、所得税の課税上、他の給与所得と異なる優遇措置が講ぜられているのは、一般に、退職手当等の名義で退職を原因として一時に支給される金員は、その内容において、退職者が長期間特定の事業所等において勤務してきたことに対する報償及び右期間中の就労に対する対価の一部分の累積たる性質をもつとともに、その機能において、受給者の退職後の生活を保障し、多くの場合いわゆる老後の生活の糧となるものであって、他の一般の給与所得と同様に一率に累進税率による課税の対象とし、一時に高額の所得税を課することとしたのでは、公正を欠き、かつ社会政策的にも妥当でない結果を生ずることになることから、かかる結果を避ける趣旨に出たものと解される。従業員が退職に際して支給を受ける金員には、普通、退職手当又は退職金と呼ばれているもののほか、種々の名称のものがあるが、それが法にいう退職所得にあたるかどうかについては、その名称にかかわりなく、退職所得の意義について規定した前記法30条1項の規定の文理及び右に述べた退職所得に対する優遇課税

＊29　最高裁昭和58年9月9日第二小法廷判決・民集37巻7号962頁。5年ごとに雇用契約が終了し退職金が支払われるが、その後も再雇用される形態がとられていたため、退職所得にあたらないとされた事例です。

についての立法趣旨に照らし、これを決するのが相当である。かかる観点から考察すると、ある金員が、右規定にいう「退職手当、一時恩給その他の退職により一時に受ける給与」にあたるというためには、それが、（1）退職すなわち勤務関係の終了という事実によってはじめて給付されること、（2）従来の継続的な勤務に対する報償ないしその間の労務の対価の一部の後払の性質を有すること、（3）一時金として支払われること、との要件を備えることが必要であり、また、右規定にいう『これらの性質を有する給与』にあたるというためには、それが、形式的には右の各要件のすべてを備えていなくても、実質的にみてこれらの要件の要求するところに適合し、課税上、右『退職により一時に受ける給与』と同一に取り扱うことを相当とするものであることを必要とすると解すべきである。」

退職所得の趣旨については説明した内容の確認になりますが、最高裁昭和58年判決で重要な点としては退職所得の要件に言及している点もあります。先ほど挙げた所得税法30条1項を、もう一度読んでみてください（219頁参照）。そのうえで、引用した最高裁判決を読んでみましょう。そうすると、退職所得の要件は次のように整理することができます。

まず、「退職手当、一時恩給その他の退職により一時に受ける給与」にあたるためには、次の要件があります（**形式要件**）。①退職すなわち勤務関係の終了という事実によって、はじめて給付されること（**退職基因要件**）、②従来の継続的な勤務に対する報償ないしその間の労務の対価の一部の後払の性質を有すること（**労務対価要件**）、③一時金として支払われること（**一時金要件**）の3つです。[*30]

これらの3つの要件を満たせば、「退職手当、一時恩給その他の退職により一時に受ける給与」として退職所得にあたります。

■退職所得には「敗者復活要件」のような実質要件がある

また、「退職手当、一時恩給その他の退職により一時に受ける給与」にあたらない場合でも、「**特別の事実関係**」があるといえれば、「これらの性質を有する給与」として退職所得にあたることになります（**実質要件**）。「特別の事実関係」については、同じ昭和58年に言い渡されたもう1つの最高裁判決（**10年退職事件**）が、次のように判示しています。[*31]

「……『これらの性質を有する給与』にあたるというためには、当該金員が定年延長又は退職

＊30　3要件の呼称については、東京地裁平成27年2月26日判決・税資265号順号12613参照。

＊31　最高裁昭和58年12月6日第三小法廷判決・訟月30巻6号1065頁。5年退職事件と類似の事案で、10年ごとに雇用契約終了となり退職金が支払われるものの、再雇用されるという事例で退職所得にあたらないとされた事例です。

年金制度の採用等の合理的な理由による退職金支給制度の実質的改変により精算の必要があって支給されるものであるとか、あるいは、当該勤務関係の性質、内容、労働条件等において重大な変動があって、形式的には継続している勤務関係が実質的には単なる従前の勤務関係の延長とはみられないなどの特別の事実関係があることを要するものと解すべき……」

他の所得区分と異なり、**退職所得には敗者復活要件のようなものがある**、ということです。

この敗者復活要件ともいえる実質要件を満たすか否かが実務的に問題になるものには、**退職金規程廃止に伴い退職していない従業員等に支給された退職金（打切り支給）**のほか、**分掌《ぶんしょう》変更の際に支給される退職金**があります。特に、分掌変更の際に支給された退職金については、平成20年に2つの裁判例があり、いずれも退職所得にあたると判断されています。

1つは、上場企業が執行役員（法的立場は従業員）から執行役（委員会等設置会社における役員）になる際に支給した退職金が退職所得にあたるか、給与所得にあたるかが争われた事例です。[*32]

もう1つは、学校法人の理事長を兼務する同法人の中学校・高校の校長をしていた者が、大学の学長になる際に支給された退職金が退職所得にあたるか、給与所得にあたるかが争われた事例でした。[*33]

いずれの事件においても職制上の地位が変更しただけで、分掌変更後も勤務関係は続いているため「退職」の事実は認められないと裁判では判断されました。「退職」とは勤務関係からの離脱をいうと考えられているからです。そうすると、退職基因要件を満たさないことになり「退職手当、一時恩給その他の退職により一時に受ける給与」とはいえない（形式要件を満たさない）ことになります。

しかし、両事件とも詳細な事実が認定されたうえで、分掌変更前と後とでは勤務関係が大きく変動しているとして「特別の事実関係」が認められ、実質要件を満たす（「これらの性質を有する給与」にあたる）として退職所得該当性が認められました。

＊32 大阪高裁平成20年9月10日判決・税資２５８号順号１１０２０。
＊33 大阪地裁平成20年2月29日判決・税資２５８号順号１０９０９。

INCOME TAX LAW 4

事業所得

——「対価を得て継続的に行なう事業」とは？

会社や官公庁などに勤務して給料をもらう会社員などのサラリーマンは、その組織に従属的な立場で労務を提供した対価として給料や賞与を得るため、給与所得者です。

このような給与所得者と対比される働き方、お金の稼ぎ方をしているのは、自ら事業を行って自分の名前でクライアントやお客さんから報酬をもらう事業所得者でしょう。いわゆる個人事業主です。*34 この場合、独立的な地位で所得を得ることになるため、従属性が求められる給与所得ではなく、**事業所得**になるのです。

これは、組織に従属的な立場で労務提供の対価としてもらう給料（給与所得）と、個人の独立的な立場で顧客から直接もらう報酬（事業所得）とを対比する見方です。いわば、「勤め人」と「自営の人」という、わかりやすいイメージで分類できる「二分法」といえます。ただし、両者の区別が争われた事例がありました。また昨今、**政府が推進している働き方改革により、多様な仕事のあり方が増えると考えられる今後の日本では、こうした単純な二分法で所得区分を判断することがむずかしくなる態様の所得が現われる可能性もあります。**

いずれにしても、給与所得は「収入－給与所得控除額」という概算控除が原則であるのに対して、事業所得は「収入－必要経費」という実額控除で所得金額を計算するという違いがあります。

このように給与所得との対比で事業所得をとらえることは、給与所得の本質（従属的労働の対価）と、事業所得の本質（独立的労働の対価）という2つの所得の違いを明瞭にするために必要なことです。

ただし、事業所得は、必ずしも「給与所得か、事業所得か」という二分法だけで問題になるものではありません。独立的な立場で所得を得ている場合でも（事業性要件を満たすことは明らかな場合でも）、事業所得に該当するためには、さらに「**対価を得て継続的に行なう事業**」にあたる必要があるからです（所得税法27条1項、所得税法施行令63条12号）。これを「**事業性要件**」といいます。

事業所得は、給与所得との対比では従属性要件を満たさないこと（独立性要件を満たすこと）が必要になりますが、独立性要件を満たす場合でも、一時所得や雑所得との区別が問題になる場面では、事業性要件を満たすか否かが問題になるのです。

＊34　法人化した場合、法人の所得に法人税が課され、法人から個人が得た役員報酬には給与所得として所得税が課されます。

先に結論から述べましたが、そのような要件がなぜ求められるのかを、条文に即して確認したいと思います。事業所得の概念（定義・範囲）については、所得税法で次のように規定されています。

> **第27条**　事業所得とは、農業、漁業、製造業、卸売業、小売業、サービス業その他の事業で政令で定めるものから生ずる所得（山林所得又は譲渡所得に該当するものを除く。）をいう。

かっこ書は、山林所得や譲渡所得にあたるものは除く、つまり、その場合は事業所得ではなく山林所得または譲渡所得になる、ということを定めたものです。

では、事業所得とはそもそも何でしょうか。この点について本文をみると、「農業、漁業、製造業、卸売業、小売業、サービス業その他の事業で政令で定めるものから生ずる所得」とあります。つまり、農業、漁業、製造業、卸売業、小売業、サービス業などの「事業から生ずる所得」が事業所得であるということですが、こうした例示のほかに「その他の事業で政令で定めるもの」という文言もあります。そこで、ここで委任されている政令（所得税法施行令63条）をみると、次のように規定されています。

（事業の範囲）

第63条 法第27条第1項（事業所得）に規定する政令で定める事業は、次に掲げる事業（不動産の貸付業又は船舶若しくは航空機の貸付業に該当するものを除く。）とする。

一 農業
二 林業及び狩猟業
三 漁業及び水産養殖業
四 鉱業（土石採取業を含む。）
五 建設業
六 製造業
七 卸売業及び小売業（飲食店業及び料理店業を含む。）
八 金融業及び保険業
九 不動産業
十 運輸通信業（倉庫業を含む。）
十一 医療保健業、著述業その他のサービス業
十二 前各号に掲げるもののほか、対価を得て継続的に行なう事業

少し長い条文ですが、先ほどの所得税法27条1項が規定する「その他の事業で政令で定めるもの」を、1号から12号に規定しているものです。1号から11号までは一般に認知されているさまざまな業種（事業）の例示ですが（飲食店業や料理店業を含む小売業、金融業、保険業、医療保険業、さらには著述業やその他のサービス業も例示されていますね）、こうした例示とは別に「対価を得て継続的に行なう事業」も挙げられています（12号）。そのため、一般に認知されているような例示された事業に該当しない場合でも、「対価を得て継続的に行なう事業」といえれば、事業所得にあたることになります。

■事業性の有無はどのように判断すべきか？

そこで、この事業性要件（対価を得て継続的に行なう事業）を、どのような基準で判断すべきなのかが、次に問題になります。つまり、事業所得は給与所得との対比で考えたときに、「事業所得とは、自己の計算と危険において独立して営まれ、営利性、有償性を有し、かつ反覆継続して遂行する意志と社会的地位とが客観的に認められる業務から生ずる所得」（最高裁昭和56年判決）と定義されているものでしたが、そもそも事業性要件を満たすといえるかが問題になる場合（満たさない場合は、一時所得や雑所得になると考えられる所得の場合）には、別に「事業」といえるための判断基準を考えることが必要になります。

この点について最高裁の判断を探しても、最高裁昭和56年判決で示された事業所得の意義のほかに、事業性要件についての詳細な判断基準が明確に示されたものはありません。

そして、下級審の裁判例では、これまで①商品先物取引や②競走馬等の保有、[*35] ③外国為替証拠金取引（ＦＸ）などによる所得（赤字の場合は損失）が事業所得にあたるか、雑所得にあたるかという争いのなかで、次のような基準が定立されてきました。

「……Ｘ１〔原告〕の商品先物取引による損失額が事業所得の金額の計算上生じたものか、雑所得の金額の計算上生じたものかは、Ｘ１が本件各係争年分中にした商品先物取引が令63条12号にいう対価を得て継続的に行う事業に該当するか否かにある。

そして、一定の経済的行為が右に該当するか否かは、当該経済的行為の営利性、有償性の有無、継続性、反覆性の有無のほか、自己の危険と計算による企画遂行性の有無、当該経済的行為に費した精神的、肉体的労力の程度、人的、物的設備の有無、当該経済的行為をなす資金の調達方法、その者の職業、経歴及び社会的地位、生活状況及び当該経済的行為をなすことにより相当程度の期間継続して安定した収益を得られる可能性が存するか否か等の諸要素を総合的

＊35　競走馬の保有による所得については、事業所得にあたる場合があることは課税庁も認めています〔所得税基本通達27－7〕。
＊36　名古屋地裁昭和60年4月26日判決・行集36巻4号589頁。

に検討して社会通念に照らしてこれを判断すべきものと解される。[*36]」

（① 会社役員商品先物取引事件）

「……営利性及び有償性の有無、反復継続性の有無、自己の危険と計算においてする企画遂行性の有無、その者が費やした精神的及び肉体的労力の有無及び程度、人的及び物的設備の有無、その者の職業、経験及び社会的地位等を総合的に考慮し、所得税法等の趣旨及び目的に照らし、社会通念によって判断すべきであると解するのが相当である。[*37]」

（② 競走馬及び繁殖ひん馬の保有事件）

「……一定の経済的行為が、事業所得について規定する所得税法27条1項を受けて定められた同法施行令63条12号の『対価を得て継続的に行なう事業』に該当するか否かは、当該取引のための人的又は物的設備の有無、資金調達の方法、取引に費やした精神的又は肉体的労力の程度、その者の職業や社会的地位などの諸般の事情を考慮し、社会通念に照らして判断すべきものと解するのが相当である。[*38]」

（③ 外国為替証拠金取引事件）

こうした事業性が争われた裁判例は、事業所得にあたると主張されたものに損失（赤字）があり、他の黒字の所得との**損益通算**をしようとした納税者の主張が排斥されたものがほとんどでした。たとえば、①の事例（会社役員商品先物取引事件）は、会社の役員として得た役員報酬としての給与所得（マイナスになることはありませんので当然黒字です）があって、それとは別の個人で行った商品先物取引による損失を事業所得と考え、給与所得から損益通算をした確定申告がなされた事案でした。[*39]

他の所得があって損益通算をねらった事案とは異なり、会社を退職した後、競馬の当たり馬券の払戻金による**所得のみで生計を立てていた**納税者が、これを事業所得として確定申告をした事案があります。「事業所得にはあたらない」とされた更正処分の取消しを求めて、納税者が裁判を起こしました。競馬の払戻金によって得る所得が、事業性要件を満たすかどうかが争われたのです（横浜事件）。

この点について裁判所は、次のように「事業」といえるためには「相当程度の期間継続して安定した収益を得られる可能性」が必要であると判示しました（この可能性は「**所得発生の安定性**」と呼ばれているため[*40]、以下そのように表記します）。そして、この納税者の5年分の競馬

＊37　東京高裁平成21年1月29日判決・税資259号順号11130。
＊38　東京高裁平成23年7月27日判決・税資261号順号11722。
＊39　昭和50年分から同55年分について、その取引回数は毎年数百件あり、毎年1000万円以上の損失（赤字）が出ている事案でした。
＊40　佐藤英明『スタンダード所得税法〔第2版補正版〕』（弘文堂、2018年）205頁参照。

所得をみると、3年分について赤字が出ているため（2年分は黒字なのですが）[41]、所得発生の安定性がないとして、事業所得にはあたらないとしました。[42]

「……事業所得にいう『事業』とは、対価を得て継続的に行う事業をいうものと解される。そして、事業所得にいう『事業』に当たるかどうかは、一応の基準として、自己の計算と危険において独立して営まれ、営利性、有償性を有し、かつ反覆継続して遂行する意思と社会的地位とが客観的に認められる業務に当たるかどうかによって判断するのが相当であり（略）、具体的には、営利性及び有償性の有無、反復継続性の有無に加え、自己の危険と計算においてする企画遂行性の有無、その者が費やした精神的及び肉体的労力の有無及び程度、人的及び物的設備の有無、その者の職業、経験及び社会的地位、収益の状況等の諸般の事情を考慮し、社会通念に照らして、『事業』として認められるかどうかによって判断すべきものと解するのが相当である。そして、社会的客観性をもって『事業』として認められるためには、相当程度の期間継続して安定した収益を得られる可能性がなければならないと解される。」

赤字（損失）が生じている事業所得者は、一般的に存在しています。会社などの法人では、欠損法人（赤字になり、その事業年度の所得が生じていない企業）の割合は6割以上あります。[43]安定した所得を得ていることは、本来的には事業所得の要件ではありません。しかし、ほとんどの個人事業主は、所得税法施行令63条1号〜11号までに例示された事業にあたるため、このような事業性要件は問題にされることなく事業所得者になります。

ところが、そうでない事業の場合には、黒字でなければならないというのはいかにもアンバランスですし、事業所得の本質をとらえているとはいいがたいのではないでしょうか。[*44]

この横浜事件（競馬事件は後で一時所得と雑所得のところで説明するように、大阪事件、札

＊41　係争年分におけるPAT口座（電話やインターネットで馬券を購入する場合にあらかじめ登録する口座）のJRAとの決済における入金額及び在席投票においてJRAから交付を受けた額は、平成21年分が2億5513万7640円、平成22年分が4839万3020円であり、X（原告・控訴人）は、少なくとも、平成21年は2813レース、平成22年は2247レースという多数のレースで馬券を購入していたという事案でした。他方で、Xの事業所得の金額は、平成21年分が1575万3440円、平成22年分が296万6205円の損失、平成23年分が49万0456円の損失、平成24年分が155万7977円の損失、平成25年分が446万6723円でした。

＊42　横浜地裁平成28年11月9日判決・公刊物未登載。

＊43　法人の統計をみても、利益計上法人（97万698社）よりも欠損法人（168万9427社）の数が多く、法人数（266万125社）に占める欠損法人の割合は63・5%あります（国税庁企画課「平成28年度分『会社標本調査』調査結果について」平成30年3月）。

＊44　木山泰嗣「判批」税経通信72巻10号（2017年）183頁、長島弘「判批」税務事例49巻2号（2017年）44頁参照。

幌事件など複数あるため、このように呼んでおきます）では、こうした赤字が出ていることだけではなく、ほかにもＪＲＡ（日本中央競馬会）に対する役務提供は何もしておらず、購入馬券が的中したために払戻金を得ただけなので「対価」ともいえないという判断もされています。

しかし、条文では「対価を得て継続的に行なう事業」とあるだけですから、相手に提供した役務の対価であることが「事業」の要件とまではいえないはずです。

「対価を得て」というのは「継続的に行なう事業」にかかっている言葉ですから、継続的に行なわれている事業が無償ではなく対価を得られる可能性をもっていれば、十分なのではないでしょうか。

そもそも、事業（ビジネス）とは、ベンチャーといわれるものを考えても、これまでにない新しい分野のものが生み出されるものです。これを前提に「その他のサービス業」を11号で挙げつつ、それとは別にさらに「対価を得て継続的に行なう事業」（12号）でも「事業」にあたると規定されていることの意味を考えるべきだと思います。

過去の裁判例では、商品先物取引を事業的規模で行っていた納税者について、事業所得にあたると判断された裁判例があります。[*45] このことを考えても、所得発生の安定性を強く求めたり、対価性を条文の要件以上に厳格に考えたりすることは、妥当でないでしょう。

■損益通算が認められなかった裁判例

ただ、他方で一般論としては安易に「事業」を認めてしまうと、他の所得（給与所得）などがある者が損失の生じる事業を片手間に行い、それを「**損益通算**」するという節税のようなことが認められてしまう問題も生じます。裁判所の判断の背後には、このような考えがあったのかもしれません。

しかし、この事件の納税者は会社を退職しており、競馬のみで生計を立てていたのですから、事業所得を認めてもよかったのではないでしょうか。

払戻金を支払うＪＲＡに対しては役務提供をしていないかもしれませんが、大量に馬券を購入していますし、生計を立てるに足る収入が得られるように、さまざまな情報を得ながらノウハウを研究しているからです。それが○○業という一般的に確立された事業ではないとしても、「対価（収入）」を得て継続的に行われているのであれば、それはその納税者にとっては「事業」であり、「事業から生じた所得」と考えられるはずです。

＊45　静岡地裁昭和50年10月28日判決・訟月21巻13号２８０３頁。なお、租税特別措置法は、商品先物取引による所得が、事業所得にあたる場合があることを前提にしています（同法41条の14）。

この納税者には、損益通算により他の黒字の所得の税金を下げるための方便として「事業」らしきものを行ったという事情もありません。一般的に、そのような利用のされ方があり得るとしても、所得区分は個別に判断されるものですから、やはり本件の事情をみることが必要です。こうした点についての配慮がないようにみえる点でも、判決には疑問を覚えます。

なお、裁判所は、この納税者が取引の記録を保存しておらず、帳簿もつけていなかったことも指摘しています。確かに、事業所得者には取引を記録し帳簿を作成し保存する義務がありま す（所得税法232条1項）。[*46] しかし、この義務は事業所得といえるための要件ではない（事業所得者が果たすべき義務である）ことには、注意が必要です。

競馬所得は、原則として一時所得にあたります（所得税基本通達34－1（2）参照）。この横浜事件も、後ほど紹介する大阪事件や札幌事件も、購入金額や回数が極めて大量かつ反復的であったことから、事業所得該当性や雑所得該当性が問題になっています。競馬事件の主要判決である、大阪事件（最高裁平成27年判決）、札幌事件（最高裁平成29年判決）については、一時所得と雑所得を説明するところで詳細をみたいと思います。

サイドビジネス的な所得の赤字（損失）で損益通算を得ることを認めなかった事例もあります。医師が本業の医師業とは別に服飾レンタルサービスを行い、その損失を本業の事業所得から控除していた事案でした。裁判所は次のように判示し、服飾レンタルサービスについて事業所得該当性を否定しました。[*47]

「……本件服飾レンタルは、多忙な医師業の合間の僅かな時間に、前記のとおり10人程度の固定客を相手に行っているものであること、商品の授受等は喫茶店などで個別に行われており、特別な店舗や事務所等が設置されているわけではなく、レンタル商品を保管しているX〈原告・控訴人〉所有のマンションがあるものの、当該マンションは居住用であり、本件服飾レンタルの表示等も特になかったこと、レンタル商品を収納するのに必要なクローゼットやタンス等以外は、特段営業の用に供する物的設備もないこと、基本的にはXが1人で行っているため、従業員等の特段の人的設備もないこと、さらに、顧客との間で領収書や請求書も発行しておらず、収支に係る帳簿類も作成せず、特段の宣伝広告も行っていないことなどに鑑みれば、本件服飾レンタルは、Xが医師業により安定した収入を得る傍らに、わずかな時間と労力により、特段の人的設備や物的設備を備えることなく行われたものであり、事業としての社会的客観性

＊46　所得税法232条1項には、「その年において不動産所得、事業所得若しくは山林所得を生ずべき業務を行う居住者……は、財務省令で定めるところにより、帳簿を備え付けてこれにこれらの所得を生ずべき業務に係るその年の取引（略）のうち総収入金額及び必要経費に関する事項を財務省令で定める簡易な方法により記録し、かつ、当該帳簿（略）を保存しなければならない。」と規定されています。

＊47　大阪地裁平成23年12月16日判決・税資261号順号11835。

を有しているとは認め難く、また、自己の危険と計画による企画遂行性があるとも認められない。むしろ、前記認定事実を総合考慮すれば、自己の服飾費を減価償却費として損金算入することにより、節税効果を得ることを目的として、事業の外観を備えるために本件服飾レンタルが行われていたとみるのが自然である。」

このような事例をみると、給与所得者であるサラリーマンのなかにも、副業を認める企業が出現し始めた最近の情勢や、節税策などで巷《ちまた》に聞くことがある副業の損失を給与所得と損益通算する方法などが浮かんできた方もいるかもしれません。あるいは、勤務先からの給与収入とは別に、フリーマーケットやビットコインなどの仮想通貨によって得た収入、居住用には使用していない所有マンションの一室などを利用して民泊による収入を得た場合の所得区分が気になった方もいるかもしれません。

まず、**副業による収入がどの所得にあたるか（事業所得に該当し得るか）ということは、そもそも所得税法には何も規定がありません。**事例ごとに事業所得の要件を判断するしかありません。その際に参考になるのは先ほどの医師の裁判例ですが、所得税法は副業が事業所得にあたらないと規定しているわけではありませんので（事業は「主たるもの」でなければならないとは規定されていませんので）、その副業が事業性要件を満たすかを検討することになるでしょう。

11 給与所得者が得た副収入の所得区分に関する国税庁の見解

なお、最近話題の一般企業が従業員に認める副業では、事業を営むというより、別会社での週1~2回程度の勤務を認めるものがあるようです。この場合は、単純に2か所に勤務することで、2か所から給与所得を得ていると認定される場合が多いでしょう。

また、給与所得者が、勤務先からの給与収入とは別にフリーマーケットなどで個人的に収入を得た場合の所得区分については、国税庁のホームページで公表されている「**タックスアンサー**」によれば、次のように説明されています。[*48]

給与所得者の副収入としては、様々なものが考えられますが、例えば次のような所得については、一般的には、それぞれ雑所得に該当します。

1 インターネットのオークションサイトやフリーマーケットアプリなどを利用した個人取引による所得

〈具体例〉

・衣服・雑貨・家電などの資産の売却により〈原文のママ〉所得

※生活の用に供している資産（古着や家財など）の売却による所得は非課税（こ

の所得については確定申告が不要）です。[*49]
・自家用車などの資産の貸付けによる所得
・ベビーシッターや家庭教師などの人的役務の提供による所得
2　ビットコインをはじめとする仮想通貨の売却等による所得
3　民泊による所得
※個人が空き部屋などを有料で旅行者に宿泊させるいわゆる「民泊」は、一般的に、利用者の安全管理や衛生管理、また、一定程度の観光サービスの提供等を伴うものですので、単なる不動産賃貸とは異なり、その所得は、不動産所得ではなく、雑所得に該当します。

もっとも、**これらはあくまで一般論としての国税当局の見解に過ぎません。所得区分は、その所得を得た納税者の事例ごとに所得税法の規定の適用として判断することになります。**いずれの例も、「事業性」があるとまではいえない程度の規模のものにとどまるという前提での解説（見解）と考えるのが自然でしょう。こうした話題の副収入について、裁判で争われる例が近い将来出てくる可能性は十分にあります。

■「レシートや領収書があれば経費で落とせる」の誤解―必要経費の要件

事業所得の金額は、総収入金額から「**必要経費**」を控除して計算します（所得税法27条2項）。この必要経費が実額控除であるといっても、給与所得控除額のような上限がないというだけで、事業所得者が行った支出がなんでも「必要経費」として控除されるわけではありません。

自営業の方がまわりの人に「レシートや領収書があれば経費で落とせる」といっているのを聞いたことがある方もいるかもしれません。それは、税務調査に入られて発覚しなければ、申告納税制度の下では納税者が行った確定申告によって所得税額が確定するというだけであり、所得税法が定める必要経費を正しく理解するものではありません。

そもそも、必要経費といえるためには、所得税法37条1項が定める要件を満たすことが必要になります。詳細をお話しすると長くなるため本書では短くとどめますが、「**直接対応（個別対応）**」と呼ばれるもの（同項前段）と、「**間接対応（一般対応・期間対応）**」と呼ばれるもの（同項後段）に分かれ、いずれかに該当することが必要になります。

たとえば、商品を販売する事業主の方が売れた商品の仕入額を必要経費として控除する場合

＊48　国税庁「タックスアンサー（よくある税の質問）No.1906　給与所得者がネットオークション等により副収入を得た場合」。

＊49　第3章で説明したように、生活用動産の譲渡は非課税所得にあたるからです（所得税法9条1項9号）。

は「直接対応」です。これに対し、広告宣伝費のように収入に直接にひもづけられるものではないけれど、事業の遂行には必要な経費は「間接対応」として認められることになります。条文は次の通りで、傍線を引いた〔①〕が「直接対応」で、〔②〕が「間接対応」になります。

> （必要経費）
> **第37条**　その年分の不動産所得の金額、事業所得の金額又は雑所得の金額（事業所得の金額及び雑所得の金額のうち山林の伐採又は譲渡に係るもの並びに雑所得の金額のうち第35条第3項（公的年金等の定義）に規定する公的年金等に係るものを除く。）の計算上必要経費に算入すべき金額は、別段の定めがあるものを除き、これらの所得の総収入金額に係る売上原価その他当該総収入金額を得るため直接に要した費用の額〔①〕及びその年における販売費、一般管理費その他これらの所得を生ずべき業務について生じた費用（償却費以外の費用でその年において債務の確定しないものを除く。）の額〔②〕とする。

条文にあるように、この必要経費の要件は、事業所得だけでなく、不動産所得、雑所得の場合にもあてはまります。必要経費を考えるときに注意すべきことは、こうした**要件を満たさなければ控除は認められない**という点と、**「家事費」にあたる場合にはそもそも必要経費として控除することは認められない**という点です。家事費とは、個人が事業とは別に生活をするために支出する費用のことで、食事代やスポーツや娯楽に支出するお金などがこれにあたります。自営業だからといって、先ほどお話ししたように家事費のレシート（領収書）があったとしても、こうした家事費はそもそも必要経費として控除することはできません（所得税法45条1項1号）。

また、**家事関連費**といって、家事費にも該当する側面があるけれど、同時に事業遂行にかかわる支出に該当する側面もある、というような両面をもつ支出についても、必要経費として控除することは認められていません。例外的に、両者を合理的に区分できるなどの要件を満たす場合にのみ、その該当部分について必要経費の算入が認められています（所得税法45条1項1号、同法施行令96条1号）。条文は、次の通りです。

（家事関連費等の必要経費不算入等）
第45条　居住者が支出し又は納付する次に掲げるものの額は、その者の不動産所得の金額、事業所得の金額、山林所得の金額又は雑所得の金額の計算上、必要経費に算入しない。
一　家事上の経費及びこれに関連する経費で政令で定めるもの

「家事上の経費」が家事費で、「これに関連する経費で政令で定めるもの」が家事関連費になります。ここにいう「政令で定めるもの」が、所得税法施行令96条です。そして、同条1号は、

「法第45条第1項第1号（必要経費とされない家事関連費）に規定する政令で定める経費は、次に掲げる経費以外の経費とする。」と規定したうえで、1号で「家事上の経費に関連する経費の主たる部分が不動産所得、事業所得、山林所得又は雑所得を生ずべき業務の遂行上必要であり、かつ、その必要である部分を明らかに区分することができる場合における当該部分に相当する経費」を挙げています。

たとえば、店舗兼住宅の賃料について事業専用割合が認定できる場合、事業専用部分の賃料については必要経費の算入が認められると解されています。[*50] 2階建ての建物を借りて1階部分を店舗として事業を行っている個人事業主が、2階部分では家族とともに居住している場合、事業に利用している店舗部分の面積が全体の2分の1であれば、賃料の2分の1（50％）部分については必要経費に算入できる、ということです。

なお、所得概念について説明した第3章で、「違法所得」という論点をお話ししました。所得税法においては少なくとも、違法支出であっても、先ほどの必要経費の要件を満たす限りは、必要経費としての控除が認められると解するのが一般的です。アメリカの連邦所得税は、必要経費としての控除が認められるためには「必要性要件（necessary）」だけでなく「通常性要件（ordinary）」も満たすことが、法文で求められています。[*51] 一方、日本の所得税法は、そもそもこうした通常性要件が法文には規定されていません（所得税法37条1項参照）。

そのため、所得税法が明文で否定するものには、必要経費の算入は認められませんが（たとえば、贈賄による支出は認められないことが同法45条2項に規定されています）[*52]、明文のない違法支出については、必要経費として認めてもよいかという論点（解釈論）が問題になります。否定説もありますが、宅建業法違反の報酬の支払について、事業に必要な支出ではあったため、業法違反（報酬の上限を超える）部分についても必要経費に算入されるとされた裁判例があります。[*53]

＊50　東京高裁平成11年8月30日判決・税資244号432頁。

＊51　I.R.C.§212(1)-(2).

＊52　所得税法37条1項の「別段の定め」である同法45条1項が必要経費の算入を認めないものには、ほかに①所得税（2号）、②国税に関する延滞税、加算税、印紙税法の過怠税（3号）、住民税（4号）、地方税法が規定する延滞金、加算金（5号）、罰金、科料、過料（6号）、政令（所得税法施行令98条）が定める損害賠償金（7号）、課徴金、延滞金（9号～12号）等があります。なお、同法施行令98条が定める損害賠償金とは、家事費及び家事関連費等（同法45条1項1号）に該当する損害賠償金のほか、不動産所得、事業所得、山林所得又は雑所得を生ずべき業務に関連して、故意又は重大な過失によって他人の権利を侵害したことにより支払う損害賠償金です。

＊53　高松地裁昭和48年6月28日判決・行集24巻6＝7号511頁。

INCOME TAX LAW 5

利子所得と配当所得、そして不動産所得

──資産性所得の代表例

所得区分を担税力で説明する際に、「資産性所得と勤労性所得があり、資産性所得は勤労性所得よりも担税力が高いと考えられている」といいました。**利子所得**（所得税法23条1項）、**配当所得**（同法24条1項）、**不動産所得**（同法26条1項）は、資産性所得の代表といえます。

銀行に預けた預金という資産から利息（利子）が発生したり（利子所得）、株式会社に出資して株主になったことから剰余金の配当が発生したり（配当所得）、マンションなどの不動産を貸すことで毎月得られる賃料（土地の場合は地代）が発生したりします（不動産所得）。そのような場合、いずれも勤労（労務）を提供して得られる所得ではなく、資産（預金、株式、マンション、土地、建物等）を所有していることで生じる所得です。

利子所得、配当所得については、それらに該当するか否かの判断は比較的簡単です。これまでに争われた裁判例はありますが、入門書ですので、簡潔に説明したいと思います。

■利子所得とは？

まず、利子所得については、利子（利息）であれば何でもよいということではなく、所得税法23条1項に規定されるものから生じた利子に限られる（**限定列挙**）という点には注意が必要です。所得税法23条1項には、次のように規定されています。

> **第23条**　利子所得とは、公社債及び預貯金の利子（公社債で元本に係る部分と利子に係る部分とに分離されてそれぞれ独立して取引されるもののうち、当該利子に係る部分であつた公社債に係るものを除く。）並びに合同運用信託、公社債投資信託及び公募公社債等運用投資信託の収益の分配（以下この条において「利子等」という。）に係る所得をいう。

利子所得の金額は、収入金額です。「収入－経費」で把握されるのが原則である所得ですが、利子所得の場合、利子を得るために行われる支出は通常考えられないからです。次に説明する配当所得が出資のために借入れをしている場合に「負債の利子」を控除できるとされていることから、10種類の所得区分のなかで唯一、**何も控除できないのが利子所得**です。

■配当所得とは？

配当所得は、出資先の会社から得る剰余金の配当や利益配当などによって得られる所得のことです（所得税法24条1項）。少しこみいった条文ですが、詳細の解説はせずに、条文のみ掲載しておくと、次の通りです。かっこ書が多いので、読みやすくするため、かっこ書を除いた部分に網掛けをしておきました。また、かっこ書は本書では細かいので省略しました。なお、税法の条文は、かっこ書のなかに、さらにかっこがあるということが頻繁にあります。最初のかっこから次のかっこをよくみて、どこからどこまでが、そのかっこで括られているのかを確認しながら読むほかありません。

> **第24条** 配当所得とは、法人（略）から受ける剰余金の配当（略）によるもの及び株式分配（略）、利益の配当（略）、剰余金の分配（略）、投資信託及び投資法人に関する法律第137条（金銭の分配）の金銭の分配（略）、基金利息（略）及び特定受益証券発行信託の収益の分配（略）に係る所得をいう。

配当所得の金額は、利子所得と同様に収入金額であるのが原則ですが、負債の利子として要件を満たすものについては控除をした後のものになります。

条文の規定によれば、「株式その他配当所得を生ずべき元本を取得するために要した負債の利子（事業所得又は雑所得の基因となつた有価証券を取得するために要した負債の利子を除く。以下この項において同じ。）でその年中に支払うものがある場合は、当該収入金額から、その支払う負債の利子の額のうちその年においてその元本を有していた期間に対応する部分の金額として政令で定めるところにより計算した金額の合計額」を控除することができます（同法24条2項）。

配当所得を得た者には、税額控除としての**配当控除**もあります（所得税法92条）。第1章で説明した通り、税額控除は算出所得税額から直接引くことができる控除です。

では、なぜ配当所得に税額控除（配当控除）があるのでしょうか。

それは、法人税の性質に関係します。法人税は法人が得た所得に対する税金ですが、法人は個人と異なり、目にみえる生身の存在ではありません。株式会社Aがケーキを食べたり、コーヒーを飲んだり、歩いたりはしませんよね。そこで法人は実在する存在ではなく、あくまで所有者である出資者という実体を前提にした擬制《フィクション》に過ぎないと考えることができます。

そうすると、法人税は本来的には法人の実質的な所有者である出資者に課されるべきであり（出資者である株主などに配当される際に配当所得として課税すればよいのであり）、その前に法人が得た所得に対して法人税を課すのは所得税（配当所得）の前取りなのだと理解することができます（**法人擬制説**）。

ところが、このように理解すると、法人に法人税を課し、さらに法人の所有者である株主個人に所得税（配当所得）を課すことは、同一人（法人＝その所有者である出資者）が得た所得に、法人税と所得税を二重に課税をすることになってしまいます。この二重課税を調整するのが配当控除だと考えるのが、法人擬制説です。

なお、法人は出資者とは別の実在だととらえる考え方もあります（**法人実在説**）。この考え方によれば、法人の所得に法人税を課し、法人から出資者が得た配当に所得税を課しても二重課税にはなりません。

■不動産所得とは？

不動産所得とは、不動産等の貸付けによる所得です（所得税法26条1項）。典型例は、マンションを賃貸しているオーナーが得る賃料や、土地の所有者である地主が賃借人から得る地代などです（オーナー、所有者といいましたが、あくまで典型例です。不動産所得は、不動産の貸付けによって得た所得であればよく、不動産の所有者であることは条文上求められていません）。

このような典型例がイメージしやすい不動産所得ですが、正確には、次の条文に規定されているように、不動産（土地・建物）に限られるものではなく、航空機や船舶の貸付けによって得るリース料も不動産所得にあたります。条文をみてみましょう。

> **第26条**　不動産所得とは、不動産、不動産の上に存する権利、船舶又は航空機（以下この項において「不動産等」という。）の貸付け（地上権又は永小作権の設定その他他人に不動産等を使用させることを含む。）による所得（事業所得又は譲渡所得に該当するものを

除く。）をいう。

網掛けの部分をみると、不動産所得とは、「不動産等の貸付けによる所得」であることが改めて理解できると思います。また、「貸付け」には、「地上権の設定」や「永小作権の設定」「その他他人に不動産等を使用させること」も含まれるとされており、その概念は広くとらえられていることがわかります（2つめのかっこ書）。さらに、3つめのかっこ書をみると、事業所得に該当するものや譲渡所得に該当するものは不動産所得にはあたらないことがわかります。不動産所得にあたるように思えるものでも、事業所得にあたる場合には事業所得が優先するということです（譲渡所得も同様です）。

また、不動産所得には、「不動産所得を生ずべき事業」と、「不動産所得を生ずべき業務」の2種類があります。同じ所得区分であるにもかかわらず、前者の場合（事業）と、後者の場合（業務）で、貸倒れが生じた場合の必要経費の取扱いなどに違いがあります（所得税法51条2項、64条1項、152条等）。両者の区別は、貸付けの規模で考えるものと解されており、「**5棟《とう》10室《しつ》基準**」と呼ばれる、次の通達規定があります（所得税基本通達26－9）。

（建物の貸付けが事業として行われているかどうかの判定）

26－9　建物の貸付けが不動産所得を生ずべき事業として行われているかどうかは、社会通念上事業と称するに至る程度の規模で建物の貸付けを行っているかどうかにより判定すべきであるが、次に掲げる事実のいずれか一に該当する場合又は賃貸料の収入の状況、貸付資産の管理の状況等からみてこれらの場合に準ずる事情があると認められる場合には、特に反証がない限り、事業として行われているものとする。

（1）貸間、アパート等については、貸与することができる独立した室数がおおむね10以上であること。

（2）独立家屋の貸付けについては、おおむね5棟以上であること。

所得税法26条1項で譲渡所得にあたるものが除かれているのは、次に説明する譲渡所得は「資産の譲渡」による所得なのですが、この「譲渡」に、形式的には譲渡でないものの実質的には譲渡に等しいものも含めて規定しているからです（同法33条1項かっこ書）。この点については、空中権の譲渡で問題になった事例（不動産所得なのか、譲渡所得なのか）がありますので、譲渡所得の解説のところで説明します。

■不動産所得に該当するかどうかが争われた裁判例

給与所得、退職所得、事業所得は、最高裁判決がその概念（意義・要件）を明らかにしていました。この点、不動産所得については、最近の裁判例で不動産所得該当性が問題になった事例も増えていますが、未だ不動産所得の概念を明らかにした最高裁の判断はありません。

最近の下級審の裁判例では、次のようなものがあります。

民法上の組合が購入した航空機をリースしていたところ、組合活動を終了する際に購入代金にあてるために融資を受けていた金融機関から債務免除を受けたという事例です。この債務免除益が不動産の貸付けに関連するため不動産所得にあたるか、不動産の貸付けをしていた者から債務免除を受けたわけではないので一時所得（または雑所得）にあたるかが争われました。

一時所得にあたるという結論ではあったのですが、この裁判例では、不動産所得の概念（定義）について、次のように判示されています。[*54]

「……租税法律主義の原則に照らすと、租税法規はみだりに規定の文言を離れて解釈すべきものではないというべきところ（略）、これらの規定〔所得税法26条1項、同法施行令94条1項2号〕によれば、不動産所得とは、賃貸人が賃借人に対して一定の期間、不動産等を使用収益させる対価として受け取る利益又はこれに代わる性質を有するものと解するのが相当である。」

＊54　東京高裁平成28年2月17日判決・裁判所ＨＰ。

不動産所得の金額は、事業所得と同じで「総収入金額－必要経費」で計算します（所得税法26条2項）。また、所得税法上は、不動産所得も事業所得と同様に、収入よりも必要経費が上回り不動産所得の金額がマイナス（赤字）になった場合で、他の所得があればその所得（プラスの所得）からマイナス分を相殺することができます（損益通算・所得税法69条1項）。

このようにみると、所得税法上は、両者に大きな違いはないようにもみえ、不動産所得という所得区分は意味がないので廃止すべきではないかという議論もあります。

不動産所得は航空機リースや船舶リースなど、損益通算を使った節税スキームに利用されることが多いため（多数の税務訴訟が起き、納税者が勝訴しました[*55]）、租税特別措置法に損益通算を制限する規定[*56]（**個別否認規定**）があります。

なお、不動産所得は、前述のように、同じ所得区分でありながら、「不動産所得を生ずべき事業」と「不動産所得を生ずべき業務」に分けた取扱いがあるのですが、前者は事業所得の取扱いと類似しており、後者は雑所得の取扱いと類似しています。

そして、不動産所得が租税回避や節税スキームに利用される例が多いことも考えると、不動産所得は廃止し、現行法の「事業」については事業所得とし、「業務」については雑所得とすべきという見解（**不動産所得廃止論**）もあります。

INCOME TAX LAW 6

譲渡所得と山林所得

──「資産」を「譲渡」したときの課税

譲渡所得とは、「資産の譲渡……による所得」です（所得税法33条1項）。条文には次のように規定されています。

> **第33条**　譲渡所得とは、資産の譲渡（建物又は構築物の所有を目的とする地上権又は賃借権の設定その他契約により他人に土地を長期間使用させる行為で政令で定めるものを含む。以下この条において同じ。）による所得をいう。
>
> 2　次に掲げる所得は、譲渡所得に含まれないものとする。
>
> 一　たな卸資産（これに準ずる資産として政令で定めるものを含む。）の譲渡その他営利

＊55　名古屋高裁平成17年10月27日判決・税資255号順号10180、名古屋高裁平成19年3月8日判決・税資257号順号10647等。

＊56　租税特別措置法41条の4の2。

を目的として継続的に行なわれる資産の譲渡による所得
二　前号に該当するもののほか、山林の伐採又は譲渡による所得

資産を譲渡すると**キャピタル・ゲイン**（増加益）が発生します。たとえば、3000万円で購入した土地を1億円で売却した場合、その差額である7000万円について、土地を譲渡した者はキャピタル・ゲインを得たことになります。

このように、資産を譲渡した際に生じるキャピタル・ゲインに課税をするのが譲渡所得です。キャピタル・ゲインとは、要するに「値上がり益」のことです。

この点について、最高裁は次のように判示し、譲渡所得課税の本質が保有資産を手放す際に増加益（キャピタル・ゲイン）を清算することにあるととらえています。[*57] これを「**清算課税説**」あるいは「**増加益清算課税説**」といいます。

「譲渡所得に対する課税は、……資産の値上りによりその資産の所有者に帰属する増加益を所得として、その資産が所有者の支配を離れて他に移転するのを機会に、これを清算して課税する趣旨のものと解すべきであり、……」

譲渡所得が、このように増加益に対する課税であるため、資産の値上がりによる利益が生じ

ないような所得については、譲渡所得にはあたらないことになります。

■譲渡所得から除外される所得

この点で、先ほどの所得税法33条2項1号が、たな卸資産等[*58]の譲渡を譲渡所得から除外しているのは、たな卸資産等の譲渡は、土地や株式などと違って、そもそも値上がり益が生じるものではなく、譲渡所得にはなじまないからです（個人事業主が商品を販売して得た利益は、値上がり益（譲渡所得）ではなく、事業所得として課税されることになります。事業性がない場合には雑所得になります）。

また、山林の伐採や譲渡による所得は、山林という「資産の譲渡……による所得」であり、譲渡所得にあたるはずですが、山林育成（経営）という特殊性があるため、山林所得という別の所得分類が設けられています（所得税法32条1項）。山林所得には、税率を適用する際に「5分5乗の税優遇措置」が採られているので（同法89条1項）、譲渡所得ではなく、山林所得と

＊57　最高裁昭和43年10月31日第一小法廷判決・訟月14巻12号1442頁。

＊58　たな卸資産とは、「事業所得を生ずべき事業に係る商品、製品、半製品、仕掛品、原材料その他の資産（有価証券及び山林を除く。）で棚卸しをすべきものとして政令で定めるもの」で（所得税法2条1項16号）、わかりやすい例は個人事業主が販売する商品です。

◎所得税法60条1項1号の適用関係

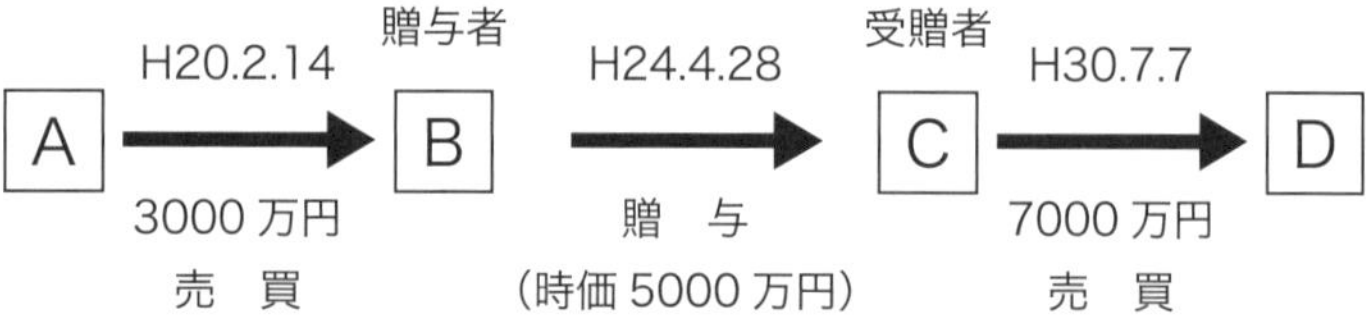

される意味があるのです。

キャピタル・ゲインに課税することについては、立法論にはなりますが、否定的な見解もあります。その要旨は3点あり、①キャピタル・ゲインは反復・継続的な利得でなく所得ではないのではないかという点、②キャピタル・ゲインは貨幣価値の下落や物価上昇による資産価値の名目的増加（ペーパー・インカム）に過ぎず課税するのは不合理ではないかという点、③キャピタル・ゲインに課税すると課税を避けるため資産を保有する者が増え凍結効果（freezing effect）や封じ込め（ロック・イン）効果（lock-in effect）をもたらすという点です。[*59] しかし、キャピタル・ゲインもすでに述べたように所得である以上、どの時点でどのように課税するかはともかく、現行法のように資産を手放す機会に少なくとも清算する考え方を基本にすえることになるでしょう。

■キャピタル・ゲイン課税の繰延べ

所得税法は、このような清算課税説の立場に立ち、保有している資産が他者に移転する際にそれまでに生じたキャピタル・ゲインを清算する考え方を原則として採用しながら、相続や贈与の場合には、資産が移転してもキャピタル・ゲイン課税をしない例外も採用しています（**課税の繰《くり》延《の》べ**）。

これは所得税法60条に規定されたもので、贈与や相続により資産の所有権が受贈者や相続人に移転した場合、本来であればその時点でキャピタル・ゲインの清算課税を行うべき（被相続人や贈与者に対して譲渡所得課税がなされるべき）ですが、国民からの納得を得がたい面もあるため、例外的にキャピタル・ゲインの清算を贈与・相続の時点では留保し、受贈者や相続人がその資産を手放したときに、贈与者・被相続人が取得した価額からの値上がり益を清算するとしています（所得税法60条1項1号）。

取得費（取得価額）が引き継がれることになるため、「**取得費（取得価額）の引継ぎ**」といわれることもあります。なお、取得費だけでなく、資産の保有期間についても、贈与者・被相続人が取得した時点からカウントされることになります（保有期間の引継ぎ）。

たとえば、平成20年2月14日にAから3000万円で購入した土地をBが平成24年4月28日にCに贈与し（土地の時価は5000万円）、Cが平成30年7月7日にDに7000万円で譲

＊59 金子宏「所得税とキャピタル・ゲイン」『課税単位及び譲渡所得の研究』（有斐閣、1996年）90～93頁、同「総説―譲渡所得の意義と範囲―」日税研論集50号（2002年）3頁参照。

渡したという場合、BからCへの贈与の時点では2000万円（5000万円－3000万円）のキャピタル・ゲインに譲渡所得が課税されることはなく、課税が繰り延べられます。そして、CがDに譲渡した時点で、Cに譲渡所得課税がされることになり、そのときに贈与者Bの取得費（3000万円）が引き継がれるため、4000万円（7000万円－3000万円）のキャピタル・ゲインが課税の対象になります。また、保有期間についても贈与者Bから引き継ぐため10年を超えることになり、長期譲渡所得になる、ということです。

■ 譲渡所得の要件を分解する

譲渡所得の要件を分解すると「**資産**」であることと、「**譲渡**」であることの2つに分かれます。①「資産」要件と、②「譲渡」要件の双方を満たして、はじめて譲渡所得にあたることになります。

譲渡所得に該当すると、「**収入－（取得費＋譲渡費用）**」で計算される譲渡益から「**特別控除額**」を控除し、所得金額を計算することになります（所得税法33条3項）。

取得費とは、「資産の取得費」のことで、資産を取得する際に支払った金額（取得価額）が典型例ですが、「資産の取得に要した金額」に限らず、「設備費及び改良費の額」も含まれます（同法38条1項）。「資産の取得に要した金額」には、「当該資産の客観的価格を構成すべき取得代金の額のほか、登録免許税、仲介手数料等当該資産を取得するための付随費用の額も含まれるが、……当該資産の維持管理に要する費用等居住者の日常的な生活費ないし家事費に属するものはこれに含まれない」と解されています。[*60]

また、譲渡費用とは、「資産の譲渡に要した費用」のことです。「所得税法上、抽象的に発生している資産の増加益そのものが課税の対象となっているわけではなく、原則として、資産の譲渡により実現した所得が課税の対象となっている」ことから、「資産の譲渡に当たって支出された費用が所得税法33条3項にいう譲渡費用に当たるかどうかは、一般的、抽象的に当該資産を譲渡するために当該費用が必要であるかどうかによって判断するのではなく、現実に行われた資産の譲渡を前提として、客観的に見てその譲渡を実現するために当該費用が必要であったかどうかによって判断すべきものである」と解されています。[*61]

特別控除額は50万円（譲渡益が50万円に満たない場合には、当該譲渡益）です（同法33条4項）。

譲渡所得は、資産の取得から5年以内の譲渡である「**短期譲渡所得**」と、資産の取得から5年超の譲渡である「**長期譲渡所得**」に分かれ、後者（長期譲渡所得）の場合は、総収入金額に算入されるのは譲渡所得の金額の2分の1のみになります（同法22条2項2号、33条3項2

＊60　最高裁平成4年7月14日第三小法廷判決・民集46巻5号492頁。
＊61　最高裁平成18年4月20日第一小法廷判決・税資256号順号10373。

号)。2分の1課税とされているのは、この後に説明する一時所得と同じです。

長期譲渡所得は、なぜ2分の1だけ課税されるのでしょうか。それは、長期間、毎年生じた所得(値上がり益)を譲渡の際に清算するため、累進税率の適用を緩和する必要があるからです。これを**平準化《アベレージング》(措置)**といいます。

■「未実現の所得」と「みなし譲渡」

包括的所得概念の下では、資産の値上がり益(増加益、キャピタル・ゲイン)は、資産を譲渡しなくても生じていると考えられます(いわゆる含み益)。暦年課税の所得税ですから、理論的には毎年の値上がり益に課税することが必要になるはずです。しかし、資産を保有しているだけで含み益に課税されるとなると、国民の理解を得ることも、計算方法もむずかしくなります。そこで、所得税法は、値上がり益は、資産が譲渡された際に「実現」すると考え、実現した所得(値上がり益)を譲渡所得として課税する方式を採用しているのです。この点から、資産を保有している段階に生じた含み益のことを**「未実現の所得」**ということがあります(第3章参照)。

未実現の所得には課税されないのが原則です。次章で詳細はお話ししますが、所得税法は36条1項で「収入すべき金額」を所得金額計算の際の「収入金額」または「総収入金額」とすることを定めており、「収入」という外部からの経済的価値の流入に着目しているからです。譲渡所得の場合には、土地を1億円で売却したのであれば、その代金（1億円）が総収入金額に算入されることになります。

しかし、例外的に、収入を得ていない（所得が実現していない）にもかかわらず、譲渡時の時価相当額で譲渡所得の課税がされることがあります。「**みなし譲渡**（所得税法59条）」といわれるもので、法人に対するものに限られますが、①贈与をした場合（同条1項1号）や、②時価の2分の1未満で譲渡（低額譲渡）をした場合（同項2号、同法施行令169条）には、譲渡時の時価を譲渡所得の総収入金額に算入すると規定されています。**これらの場合、現実には収入がない部分であるにもかかわらず、その収入を得たものとみなされて譲渡所得課税がされます。**

たとえば、個人が法人に時価1億円の土地を無償で贈与した場合、収入は0なのに1億円を譲渡所得の総収入金額に算入しなければなりません。また、個人が法人に時価1億円の土地を3000万円で譲渡した場合、収入は3000万円ですが、時価の2分の1未満で低額譲渡をしているので、時価である1億円を譲渡所得の総収入金額に算入しなければなりません。7000万円部分は収入がないのに、所得が実現したとみなされ課税されることになるのです。

このように、未実現の所得であるにもかかわらず課税されるのは、みなし譲渡（所得税法59条1項）のような「別段の定め」（例外規定）がある場合に限られます。いずれにしても、包括的所得概念からは、含み益（増加益）は毎年発生しているため、実現はしていなくても所得自体はあるといえるのです。したがって、こうした未実現の所得に課税する例外規定も、所得がないところに課税するわけではないと説明されています。

この点について最高裁は、次のように判示しています。

「……譲渡所得に対する課税は、……資産の値上りによりその資産の所有者に帰属する増加益を所得として、その資産が所有者の支配を離れて他に移転するのを機会に、これを清算して課税する趣旨のものと解すべきであり、売買交換等によりその資産の移転が対価の受入を伴うときは、右増加益は対価のうちに具体化されるので、これを課税の対象としてとらえたのが旧所得税法（昭和22年法律第27号、以下同じ。）9条1項8号（現行法33条1項）の規定である。

そして対価を伴わない資産の移転においても、その資産につきすでに生じている増加益は、その移転当時の右資産の時価に照らして具体的に把握できるものであるから、同じくこの移転の時期において右増加益を課税の対象とするのを相当と認め、資産の贈与、遺贈のあった場合においても、右資産の増加益は実現されたものとみて、これを前記譲渡所得と同様に取り扱うべきものとしたのが同法5条の2（現行法59条1項）の規定なのである。されば、右規定は決して所得のないところに課税所得の存在を擬制したものではなく、またいわゆる応能負担の原則を無視したものともいいがたい。[*62]」

後ほど説明するように、**「譲渡」には交換も含まれます。**交換の場合は、売買と異なり、対価として得るのは金銭ではありません。交換によって得た物などの時価が譲渡所得の総収入金額に算入されることになります。いずれにしても、これらの場合は金銭であるか物などであるかは別として資産を移転した際に「対価」を得ています。これに対し、「対価」（収入）を得てない場合でも、資産の譲渡により「対価」を得た（所得が実現した）とみなされる場合もあることが整理されています。

この判例の最後にある「**応能負担の原則**」は、負担能力（担税力）に応じた税負担が求められるという考え方ですが、理論的には所得（値上がり益）が発生している以上、実現していない場合にその値上がり益（所得）に課税することを明文規定で定めて課税をしたとしても、税負担能力のない者に税金を課すことにはならないという意味でしょう。

■譲渡所得に該当するための「資産」とは？

このような譲渡所得にあたるための要件に戻りましょう。

＊62　最高裁昭和43年10月31日第一小法廷判決・前掲注57。

まず、1つめの「資産」とは何でしょうか。
土地、建物、株式などは資産にあたる典型例ですが、「資産」とは、諸説ありますが「一般にその経済的価値が認められて取引の対象とされ、上記増加益（キャピタル・ゲイン）又はキャピタル・ロスを生ずるような性質の資産をいう」と解するのが裁判例の傾向です。[*63]
特許権や著作権などの知的財産権なども「資産」にあたるのですが、「自己の研究の成果である特許権、実用新案権その他の工業所有権、自己の育成の成果である育成者権、自己の著作に係る著作権及び自己の探鉱により発見した鉱床に係る採掘権の譲渡による所得」については、長年の研究により実現する所得であるため、短期譲渡所得からは除外されており（所得税法33条3項1号かっこ書、同法施行令82条）、常に2分の1課税となる長期譲渡所得にあたることになります。
「資産」にあたるかが問題になった裁判例もいくつかあります。最近の例では、**倒産した会社の株式は「資産」にあたらない**とされたものがあります。倒産した会社の株式を所得税の確定申告を依頼した税理士に3１00株を3１00円（1株1円）で譲渡し、譲渡損失を計上した事例があります。[*64]裁判所は次のように判示し、資産該当性を否定しています。[*65]
「……譲渡所得の基因となる『資産』には、一般にその経済的価値が認められて取引の対象とされ、増加益が生じるような全ての資産が含まれるが、その一方で、上記の増加益を生じ得ないもの、すなわち、社会生活上もはや取引される可能性が全くないような無価値なものについては、同項の規定する譲渡所得の基因となる『資産』には当たらないものと解するのが相当である。」

なお、倒産した会社の株式が「資産」にあたらないとされた裁判例はほかにもあり、次のような判示がされています。[*66]

「……譲渡所得の基因となる資産は、一般にその経済的価値が認められて取引の対象とされ、上記増加益（キャピタル・ゲイン）又はキャピタル・ロスを生ずるような性質の資産をいうものと解される。

＊63 千葉地裁平成18年9月19日判決・訟月54巻3号771頁。

＊64 平成22年9月に破綻したA銀行の取締役兼代表執行役であったX（原告・控訴人）が、平成22年10月20日に保有していた同銀行の株式3100株を1株1円（合計3100円）で譲渡し、これにより株式等に係る譲渡所得等の金額（未公開分）の計算上損失が生じたとして、同年分の所得税の申告を行った事案でした。なお、このA銀行株式についてのXの取得費は、1株あたり8万1462円（合計2億5253万2200円）でした。

＊65 東京地判平成27年3月12日判決・税資265号順号12624。

＊66 千葉地裁平成18年9月19日判決・前掲注63。

……破産宣告を受けた株式会社の株式は、その後同社が再建される蓋然性があるなど特段の事情が認められない限り、自益権や共益権を基礎とする株式としての経済的価値を喪失し、もはや、キャピタル・ゲイン又はキャピタル・ロスを生ずるような性質を有する譲渡所得の基因となる資産ではなくなるものといわざるを得ない。」

また、学説上は反対もありますが、**課税実務では「資産」には、金銭債権は含まれないと考えられています**（所得税基本通達33－1）。

> （譲渡所得の基因となる資産の範囲）
> **33－1**　譲渡所得の基因となる資産とは、法第33条第2項各号に規定する資産及び金銭債権以外の一切の資産をいい、当該資産には、借家権又は行政官庁の許可、認可、割当て等により発生した事実上の権利も含まれる。

所得税法33条1項には「資産」と規定されているだけですから、日本語として読めば、金銭債権も「資産」にあたるはずです。しかし、譲渡所得が値上がり益に対する課税である本質をもっていることを考えると、金銭債権（たとえば、AさんがBさんに対して有している100万円の売買代金債権）は、回収に時間がかかる場合などに、安く他者に譲渡（債権譲渡）

されることはあっても、その金額以上の価値が生じること（値上がりすること）は考えられず、譲渡所得の趣旨にあてはまらないため、「資産」から除外されているのです。[*67]
「資産」要件については、以上です。

譲渡所得に該当するための「譲渡」とは？

次に、2つめの要件である「譲渡」要件を考えてみましょう。

「譲渡」とは、清算課税説から「有償無償を問わず資産を移転させるいっさいの行為をいう」と解されています。[*68] したがって、対価の受入れを伴う有償譲渡だけでなく（売買・交換等）、対価の受入れを伴わない無償譲渡（贈与等）でも、「譲渡」にあたることになります。

もっとも、「資産の譲渡……による所得」として譲渡所得の課税がされるためには、その「収入」があることが必要です（所得税法36条1項）。そのため、無償譲渡の場合は「資産の譲渡」とはいえても、通常は「収入」（正確には「収入すべき金額」）がないので、譲渡所得の課税はされません。ただし、例外的に先ほど説明したように、未実現の所得についても時価で譲渡し

＊67　金銭債権を譲渡して生じた損失（金銭債権の帳簿価額と譲渡価額の差額）については、資産損失（貸倒損失）の要件を満たせば、必要経費に算入することができます（所得税法51条2項）。
＊68　最高裁昭和50年5月27日第三小法廷判決・民集29巻5号641頁。

たとみなして課税される（時価をもって「収入すべき金額」＝「総収入金額」と考える）場合があります（所得税法59条1項。みなし譲渡）。

■離婚時の財産分与が譲渡所得にあたるとした最高裁判決

ここで問題になるのは、夫婦が離婚する際に不動産を財産分与した場合に、譲渡所得として課税されるかどうかです。具体的には、夫が自己名義の特有財産を妻に財産分与した事例で、不動産が「資産」にあたることは問題ありませんが、財産分与が「譲渡」といえるのかが問題になりました。

財産分与には、①婚姻期間中に形成された夫婦の財産を清算すること（**清算的側面**）、②離婚後の生活保障をすること（**扶養的側面**）、③財産分与者に非（不貞行為などの離婚原因）があった場合には精神的損害を償うこと（**慰謝料的側面**）の3つの側面があると、民法では理解されています。

そこで、納税者は、夫婦の財産を清算する側面を有することを考えれば、離婚の際に財産分与をして不動産の所有権を元妻に移転したとしても、もともと共有財産であった（妻に持分があった）ものを清算したに過ぎないから、資産の移転があるとはいえず「譲渡」にはあたらないと主張しました。

これに対し、最高裁は次のように判示し、特有財産である不動産を財産分与した場合に、その不動産の所有権が移転することは否めず、また財産分与者には離婚によって抽象的に成立した財産分与義務があり、これが具体的な財産分与によって消滅することになるため（**段階的形成権説**）、そこに経済的な利益（所得の実現）があるとしました。

「……所得税法33条1項にいう『資産の譲渡』とは、有償無償を問わず資産を移転させるいっさいの行為をいうものと解すべきである。

……夫婦が離婚したときは、その一方は、他方に対し、財産分与を請求することができる（民法768条、771条）。この財産分与の権利義務の内容は、当事者の協議、家庭裁判所の調停若しくは審判又は地方裁判所の判決をまつて具体的に確定されるが、右権利義務そのものは、離婚の成立によつて発生し、実体的権利義務として存在するに至り、右当事者の協議等は、単にその内容を具体的に確定するものであるにすぎない。そして、財産分与に関し右当事者の協議等が行われてその内容が具体的に確定され、これに従い金銭の支払い、不動産の譲渡等の分与が完了すれば、右財産分与の義務は消滅するが、この分与義務の消滅は、それ自体一つの経済的利益ということができる。したがつて、財産分与として不動産等の資産を譲渡した場合、分与者は、これによつて、分与義務の消滅という経済的利益を享受したものというべきである。[*69]」

*69　最高裁昭和50年5月27日第三小法廷判決・前掲注68。

この考え方には批判もありますが、[70] 最高裁の判断を前提にすると、財産分与をした元夫は、その不動産を取得した時の価額（取得費）と、財産分与時の当該不動産の時価を比較し、後者が前者より高い場合には値上がり益があるため、その差額に譲渡所得課税がされることになります。

そして、財産分与義務の消滅という経済的利益が発生する有償譲渡であるととらえたことになりますので、財産分与を受けた元妻には贈与税は課されないことになります。[71]

また、財産分与を受けた元妻がその不動産を第三者に売却した場合には、財産分与時の時価を取得費として計算し、第三者へ売却した代金との差額にプラスがあれば、その値上がり益に譲渡所得が課されることになります。[72] 財産分与を受けた不動産を譲渡した際の取得費については、次の判示をした裁判例があります。

「譲渡所得の金額の計算上控除する資産の取得費とは、その資産の取得に要した金額等をいうものと定められている（所得税法38条1項）が、離婚に伴う財産分与として資産を取得した場合には、取得者は、財産分与請求権という経済的利益を消滅される代償として当該資産を取得したこととなるから、その資産の取得に要した金額は、原則として、右財産分与請求権の価額と同額になるものと考えるのが相当である。」

■所有権を移転しなくても「譲渡」に該当する場合がある？

さて、条文をもう一度みていただくと、所得税法33条1項の「譲渡」にはかっこ書がつけられており、「建物又は構築物の所有を目的とする地上権又は賃借権の設定その他契約により他人に土地を長期間使用させる行為で政令で定めるものを含む」という文言もあります。

細かいので政令（所得税法施行令79条）の内容はここでは触れませんが、網掛けした部分をみると、「地上権……の設定」「賃借権……の設定」「契約により他人に土地を長期間使用させ

＊70　最高裁昭和50年判決を批判的に再検討したものに、池田清貴「離婚時の財産分与における譲渡所得課税の再検討」青山ビジネスロー・レビュー7巻1号（2017年）1頁があります。

＊71　「婚姻の取消し又は離婚による財産の分与によって取得した財産（略）については、贈与により取得した財産とはならないのであるから留意する。」という規定が通達にあり（相続税法基本通達9－8本文）、課税実務でも財産分与を受けた元妻に贈与税は課されないのが原則であるとされています。このように財産分与を贈与ではないと考えると、財産分与を受けた者に「経済的な利益」が発生しており、所得税が課されるのではないか（一時所得等）とも思えます。「個人からの贈与により取得するもの」でもないため、非課税規定（所得税法9条1項16号）は適用されないことになるはずだからです。しかし、財産分与義務の履行を受けたことになる元妻にとっては、債務の履行を受けたととらえることになりますから、財産分与を受けた元妻には「所得」は発生していないと考えることになると考えられます。

＊72　東京地裁平成3年2月28日判決・判時1381号32頁参照。

る行為で政令で定めるもの」は、所有権を相手に移転するものではなく、対価を得て土地を使用させる行為ですから「譲渡」にあたらないはずです。それにもかかわらず、所得税法33条1項がかっこ書を設けてこれらも「譲渡」にあたるとしているのは、土地を長期間使用させることにより支払を受ける権利金などの場合には、実質的にみると譲渡をしたに等しいといえるからです。近時、このかっこ書にあたるかどうかが争われた裁判がありました。建築基準法上の容積率（土地の上に建物を建てることが法律上許される延床面積の割合）の余剰部分（建物を建てたものの未使用の容積率）を隣接地の所有者に使用させる合意をしたのですが、[*73]この余剰容積利用の対価（X1は1億7500万円、X2は1200万円、X3は9100万円、X4は1億0900万円を受領しました）が所得税法33条1項かっこ書にあたり譲渡所得にあたるかが争点となりました。

結論からいえば、かっこ書に該当するために必要な政令（同法施行令79条）の要件を満たさないことから、譲渡所得にはあたらず、不動産等の貸付けの対価として不動産所得にあたると判断されました。[*74]譲渡所得と不動産所得の区別について、判決は次のように判示しています。

「……不動産所得に該当する場合であっても、譲渡所得に該当するものは除かれるところ（同法26条1項）、譲渡所得における『資産の譲渡』には、「建物又は構築物の所有を目的とする地上権又は賃借権の設定その他契約により他人に土地を長期間使用させる行為で政令で定めるものを含む。」とされている（同法33条1項）。この規定によれば、不動産を他人に使用させることの対価としての所得は、概念上『不動産所得』に該当するが、利用期間が長期間にわたり政令で定める場合には、譲渡所得として課税することになる。このような取扱いは、不動産の利用により逐次発生すべき利用利益であっても、その利用期間が長期に及ぶ場合で、利用利益の全部又は一部を一時に一括して受領するときは、実質的に所有権の移転と同様に資産の増加分の処分の実体を有することがあるが、その区分は必ずしも明らかではないことから、不動産を他人に使用させることの対価としての所得であっても、政令で定めるものに限って、譲渡所得として扱うことにしたものと解される。」

■和解金の「譲渡所得該当性」が争われた大阪職務発明事件

譲渡所得該当性が争われた最近の事例としては、ほかに職務発明の対価として会社から支払を受けた和解金（3000万円）が譲渡所得にあたるかどうかが争われたものもあります。会

＊73　連担建築物設計制度（建築基準法86条2項）による地役権（余剰容積を利用しない〔建物を建設しない〕という不作為の地役権）を設定する旨の契約が締結されました。当該建物の容積率対象延床面積（建築基準法52条所定の容積率の対象となる延床面積）は4572・42平方メートルであり、その容積率は294・46％であり、当該各土地の容積率の最高限度400％との差（余剰容積率）は、105・54％でした。

＊74　東京高裁平成21年5月20日判決・税資259号順号11203。

社に勤務する従業員が職務として研究を行い発明した場合、当時の特許法によれば、発明当時にその権利は従業員に帰属することになるため、従業員は特許を受ける権利を勤務先に譲渡し、その際、通常は社内規程に基づき報奨金等の支払を受けます。職務発明により生じた特許を受ける権利を従業員から取得した会社は、特許出願をして特許権を得るのが通常です。

この事件でも、そのような経緯をたどり、社内規程に基づき昭和58年から平成17年までの間に16回にわたり合計163万1300円の報償金を従業員はもらっていたのですが、職務発明の「相当の対価」（特許法35条3項）としては少なすぎるとして、追加支払を求めたところ和解が成立し、3000万円が支払われました。

この和解金が「資産の譲渡による所得」として譲渡所得にあたれば、先ほどの説明の通り、長期譲渡所得になるため、2分の1課税になります（所得税法施行令82条）。そこで、納税者（従業員）は譲渡所得にあたると主張したのですが、課税庁は資産の譲渡の対価は、最初に会社から支給された金額のみであり、その数年後に追加支払を受けたとしても、それは譲渡所得にはあたらず雑所得にあたると主張しました。

その根拠は、法令ではありませんが、次の所得税基本通達の規定でした。

> （使用人等の発明等に係る報償金等）
> **23〜35共－1** 業務上有益な発明、考案等をした役員又は使用人が使用者から支払を受け

る報償金、表彰金、賞金等の金額は、次に掲げる区分に応じ、それぞれ次に掲げる所得に係る収入金額又は総収入金額に算入するものとする。（略）

（1）業務上有益な発明、考案又は創作をした者が当該発明、考案又は創作に係る特許を受ける権利、実用新案登録を受ける権利若しくは意匠登録を受ける権利又は特許権、実用新案権若しくは意匠権を使用者に承継させたことにより支払を受けるもの　これらの権利の承継に際し一時に支払を受けるものは譲渡所得、これらの権利を承継させた後において支払を受けるものは雑所得〔傍点は筆者〕

裁判所も、通達の規定と結論は同じで譲渡所得にはあたらず、雑所得にあたるとしました。理由は、譲渡所得は資産を譲渡した際に一時に実現する所得のみをいい、複数年にわたり実現するものは想定しないという論理でした。次のような判示です（**大阪職務発明事件**[*75]）。

「所得税法33条1項は、譲渡所得について『資産の譲渡……による所得』と規定するが、その意味内容は、条文の文理のみならず、制度の趣旨、他の規定との整合性等を総合的に勘案し

＊75　大阪高裁平成24年4月26日判決・訟月59巻4号1143頁。

て解釈によってこれを確定するのが相当である。

……所得税法は、譲渡所得の計算上控除すべき費用が複数年度にわたる場合の規定を置いていないから、同一の原因に基づく譲渡所得が複数年度にわたって計上されることを想定していないと解され、また収入金額の権利確定の時期（所得税法36条）は、当該資産の所有権その他の権利が相手方に移転する時であるとし、贈与等の場合には譲渡所得の金額の計算については、その事由が生じた時に、その時における価額に相当する金額により資産の譲渡があったものとみなす（所得税法59条1項）としている。以上の事情に照らすと、譲渡所得とは、『譲渡に基因して譲渡の機会に生じた所得』と解するのが相当である（原判決は、譲渡所得を『資産の所有権そのほかの権利が相手方に移転する機会に一時に実現した所得』とするが、当裁判所の見解と同趣旨のものと解される。）。」

しかし、発明の対価は長期譲渡所得になることが法令上は前提とされているのに、社内規程に基づく〝すずめの涙〟のような金額のみが譲渡所得となり、特許を受ける権利の譲渡として争い、法律上は対価として支払われるべきだった金額を裁判等でようやく勝ち取った部分については、2回目だから雑所得にあたる（2分の1課税はない）というのは、法の趣旨に沿うのか疑問ですし、あまりにテクニカルな形式論ではないでしょうか。

この事件と類似のもので、特許を受ける権利を勤務先の大学に無償譲渡した後、15年近く経過してから当該特許を大学が企業に高額な価額で譲渡することができたため、数千万円の補償金を得た大学教授の裁判例もあるのですが、譲渡所得ではなく「一時所得該当性」が争われたものなので、次の一時所得のところで紹介したいと思います。

■山林所得が譲渡所得から除外されている理由

山林所得は、山林の伐採又は譲渡による所得です（所得税法32条1項）。山林所得も「資産の譲渡……による所得」であり、譲渡所得に分類されるはずですが、譲渡所得の規定（同法33条2項2号）が「山林の伐採又は譲渡による所得」を譲渡所得から除外していることは、すでに述べた通りです。山林所得は、条文では次のように規定されています。

> **第32条**　山林所得とは、山林の伐採又は譲渡による所得をいう。
> 2　山林をその取得の日以後5年以内に伐採し又は譲渡することによる所得は、山林所得に含まれないものとする。

「山林の伐採……による所得」とは、山の土地上にある立木を伐採してから譲渡して得た所得をいいます。

これに対し、「山林の……譲渡による所得」とは、山の土地上にある立木を伐採せずに譲渡して得た所得をいいます。

ポイントは、**いずれも立木部分を指しており、土地部分ではない**ということです。

土地部分について譲渡した場合は、譲渡所得になります。

山林の育成には長期間を要することから（そのため短期間の販売目的である5年以内のものは除外されています〔所得税法32条2項〕）、譲渡所得とは別に、山林所得という所得区分を設け、税率を適用する際には累進税率を緩和するための軽課措置として、「**5分5乗方式**」が採用されています（同法89条1項）。

なお、5分5乗方式とは、課税所得の5分の1に相当する金額に対して所得税率（累進税率）をかけ、算出された金額を5倍にする方式のことです。

山林所得の金額は、総収入金額から「必要経費」を控除し、その残額からさらに50万円の特別控除額（残額が50万円に満たない場合は、当該残額）を控除して計算します（同法32条3項、4項）。

INCOME TAX LAW 7

一時所得と雑所得
――他の8つの所得区分に該当しない所得の帰結

一時所得とは、「**一時的・偶発的な利得**」のことで、戦前に日本の所得税法が採用していた制限的所得概念の下では「所得」から除外され、所得税が課されていなかったものです。

一時的・偶発的な利得は、所得源泉性（反復・継続性）のある所得に比べ、担税力が低いため、**所得金額のうち2分の1のみが課税されます**（所得税法22条2項2号）。

一時所得の金額は、総収入金額から「その収入を得るために支出した金額」（以下「**支出金額**」といいます）を控除し、さらに50万円の「特別控除額」も控除して計算するのですが（同法34条2項、3項）、収入から控除できる**「支出金額」は、必要経費と異なり、「直接に要した金額」しか含まれません。**収入を得るために間接的な貢献がある支出があったとしても、それは必要経費（間接対応）と異なり、総収入金額から控除することはできないのです。

このように、一時所得が「必要経費」という概念を用いず、「支出金額」に控除できる金額を限定しているのは、一般に一時的・偶発的な利得については、事業所得などと異なり、必要経費という概念になじまないからであると説明されています。*76

しかし、名前や概念は違っても、収入から差し引くことができる「経費」を観念していることは間違いありません。ただ、その範囲は限定されている、ということです。

一時所得は、一時的・偶発的な所得であるといいましたが、所得税法34条1項は次のように一時所得の要件を定めています（そこには偶発的であることといった要件はありません）。

> **第34条** 一時所得とは、利子所得、配当所得、不動産所得、事業所得、給与所得、退職所得、山林所得及び譲渡所得以外の所得〈①〉のうち、営利を目的とする継続的行為から生じた所得以外の一時の所得〈②〉で労務その他の役務又は資産の譲渡の対価としての性質を有しないもの〈③〉をいう。

読みやすいように網掛けをつけました。また、一時所得の要件がわかるように傍線と番号もつけました。この番号にあるように、一時所得に該当するためには、3つの要件をすべて満たすことが必要になります（**3要件説**）。

1つめの要件は「利子所得、配当所得、不動産所得、事業所得、給与所得、退職所得、山林所得及び譲渡所得以外の所得」という部分で、①「**除外要件**」と呼ばれます。ここに列挙された他の8種類の所得にあたらないこと、という要件です。

２つめの要件は「営利を目的とする継続的行為から生じた所得以外の一時の所得」という部分で、②「**非継続要件**」と呼ばれます。[*77] 一時的な所得ですから、継続性がある所得はあたらないという意味ですが、実際にはどこから継続性がある所得になるのかについては判断がむずかしく、後で紹介するように「競馬事件（大阪事件と札幌事件）」で、この非継続要件該当性が争われました。

３つめの要件は「労務その他の役務又は資産の譲渡の対価としての性質を有しないもの」という部分で、③「**非対価要件**」と呼ばれています。「**対価**」という概念については、給与所得

＊76　注解所得税法研究会編・前掲注序章3・847頁参照。

＊77　非継続要件は厳密にいうと「営利を目的とする継続的行為から生じた所得以外の……所得」と「一時の所得」に二分できるとする**4要件説**もあり（佐藤英明「一時所得の要件に関する覚書」金子宏＝中里実＝J・マーク・ラムザイヤー編『租税法と市場』〔有斐閣、２０１４年〕２２２頁）、さらに4要件説を前提に実際には「営利を目的とする継続的行為から生じた所得以外の所得」と「継続的行為から生じた所得以外の所得」と「一時の所得」に三分できるとする**5要件説**（酒井克彦「いわゆる馬券訴訟にみる一時所得該当性」中央ロー・ジャーナル12巻3号〔２０１５年〕１０６頁）もあります。しかし、「営利を目的とする継続的行為から生じた所得以外の一時の所得」とは、要するに営利性・継続性がない所得＝一時の所得という意味と考えるのが自然であり、「一時の所得」に特段の意味はないと考えられます（木山泰嗣「判批」青山ビジネスロー・レビュー5巻1号〔２０１５年〕１９６頁参照）。実際の裁判例をみても、3要件で整理して判断されています。

の要件としての労務の対価や、事業所得の事業性要件における「対価を得て継続的に行なう事業」などをこれまでみてきました。

一時所得における非対価要件は、条文に明示されているように、正確には、（1）労務の対価としての性質を有しないこと、（2）役務の対価としての性質を有しないこと、（3）資産の譲渡の対価としての性質を有しないこと、の3つを意味します。

「労務の対価」であれば、その所得は給与所得に該当しますし、労務の対価とはいえないとしても、「役務の対価としての性質」があれば一時所得にはならず、（他の8種類にあたらなければ）雑所得にあたることになります。[*78] また、「資産の譲渡の対価」であれば、通常は「資産の譲渡による所得」である譲渡所得にあたるでしょう。[*79]

いずれにしても、このように（1）～（3）の対価としての性質を有する所得の場合は、報酬または譲渡の対価としての色彩が強くなるため、一時所得にはあたらないようにしていると考えられます。

この非対価要件については、多くの場合、雑所得に落ちる前の「最後の砦」的な要件として機能することが多いといえます。

■所得税基本通達における一時所得の例示

一時所得にあたる例としては、所得税基本通達に挙げられている例示がわかりやすいので、これをみてみましょう。

通達の規定は行政解釈に過ぎませんので、これが所得税法の解釈として正しいことを保証するものではありませんが（個別の判断が現実には必要になりますが）、一般的にはこのようなものが一時所得の典型例と考えられているということで確認していただければと思います。

＊78 東京高裁平成23年6月29日判決・税資261号順号11705。なお、「労務その他の役務又は資産の譲渡の対価としての性質を有しないもの」との文言が（追加）規定されたのは、昭和27年改正です。この改正により、一時所得として課税されていた著述家以外の原稿料等が雑所得とされ全額が課税の対象にされました（注解所得税法研究会・前掲注序章3・827頁参照）。

＊79 「資産の譲渡の対価としての性質を有しないもの」が（追加）規定されたのは、昭和39年改正ですが、次のような理由によるものでした。昭和39年改正で、3年以内（現行法〔昭和44年改正〕では5年以内）の山林の伐採・譲渡による所得が、税率適用の際に5分5乗になる（累進税率の適用が緩和される）山林所得から除外され（所得税法32条2項）、かつ、2分の1課税になる長期譲渡所得（当時は3年以内の譲渡で、現行法〔昭和44年改正〕では5年以内の譲渡）にもあたらず、譲渡所得からも除外され特別控除額もない所得（同法33条2項2号）ができました。こうした3年以内（現行法では5年以内）のものは、山林経営の実質を伴わないため5分5乗方式による軽減をする必要はないため山林所得から除外され、2分の1課税と特別控除額も不要と考えられるため譲渡所得からも除外されました（雑所得または事業所得にあたると解されています。このような所得ができたにもかかわらず、一時所得に「資産の譲渡の対価としての性質を有しないもの」という文言を入れておかないと、これが一時所得にあたってしまう（2分の1課税になってしまう）ため、こうした所得を一時所得から除外する趣旨だったと説明されています（注解所得税法研究会編・前掲注序章3・625頁、844頁参照）。

（一時所得の例示）

34－1 次に掲げるようなものに係る所得は、一時所得に該当する。〔略〕

（1）懸賞の賞金品、福引の当選金品等（業務に関して受けるものを除く。）

（2）競馬の馬券の払戻金、競輪の車券の払戻金等（営利を目的とする継続的行為から生じたものを除く。）

（注）〔略〕

（3）労働基準法第114条《付加金の支払》の規定により支払を受ける付加金

（4）令第183条第2項《生命保険契約等に基づく一時金に係る一時所得の金額の計算》に規定する生命保険契約等に基づく一時金（業務に関して受けるものを除く。）及び令第184条第4項《損害保険契約等に基づく満期返戻金等》に規定する損害保険契約等に基づく満期返戻金等

（5）法人からの贈与により取得する金品（業務に関して受けるもの及び継続的に受けるものを除く。）

（6）～（9）〔略〕

（10）遺失物拾得者又は埋蔵物発見者が受ける報労金

（11）遺失物の拾得又は埋蔵物の発見により新たに所有権を取得する資産

（12）〔略〕

「懸賞の賞金品」「福引の当選金品等」（1号）、「競馬の馬券の払戻金」「競輪の車券の払戻金」（2号）などは、イメージしやすいのではないでしょうか。

まさに、たまたま当選してもらったお金で、一時的・偶発的な所得といえるでしょう。

もっとも、かっこ書（1号には「（業務に関して受けるものを除く。）」、2号には「（営利を目的とする継続的行為から生じたものを除く。）」と規定されています）や注書（2号には注書もあります。内容はここでは省略し、後述します）があるように、通達でもこれらがすべて一時所得にあたるとは考えられていません。もらった状況によっては異なる所得になることを前提にしているのです。

「法人からの贈与により取得する金品」（5号）も一時所得の典型例として税法の教科書によく挙げられるものです。ただし、かっこ書があります。法人から贈与されたものが、なんでも一時所得にあたるのではなく、業務に関して受けるものや継続的に受けるものであれば、一時所得にはあたりません（給与所得や雑所得にあたることになるでしょう）。

個人からの贈与の場合は受贈者に贈与税が課されるため、二重課税を排除するべく非課税所得とされている（所得税法9条1項16号）のに対し、「法人からの贈与」の場合は、そもそも法人には相続が発生せず、そのため受贈者には贈与税も課されないため、所得税を課しても二重課税にはなりません。非課税所得に「法人からの贈与」が規定されていないことは、非課税所得で説明した通りです（第3章参照）。

一時所得と判断された例

判例で、一時所得にあたるとされたものとしては、次のような事例があります。

①取得時効により取得した不動産の所有権[*80]

②相続開始から3年以上経過後に生前に退職していた被相続人の従前の勤務先で支給が決まり相続人に支払われた退職慰労金[*81]

③マンション建設反対者に対する日照権侵害等の損害賠償金として支払われた和解金のうち非課税所得にはあたらないとされた実損以外の部分[*82]

④会社が役員を被保険者として保険会社と締結した養老保険契約に基づき期間満了により受取人である当該役員に支払われた一時金[*83]

⑤航空機リース事業を行っていた組合が活動を終了する際に金融機関から受けた債務免除により生じた利益（**債務免除益**）[*84]

⑥生計を立てるために会社を退職して馬券購入を行い得た払戻金による所得（**横浜事件**）[*85]

「競馬事件」にみる一時所得の非継続要件

ここで、非継続要件の該当性が争われた「**競馬事件**（大阪事件、札幌事件、横浜事件）」をみておきたいと思います。

最初に裁判で争われたのは、大阪の会社員が自宅のパソコン等を利用して馬券の自動購入ソフトを利用し多額の利益を得ていたにもかかわらず、所得税の確定申告をしていなかったために検察官から起訴された刑事事件でした（**大阪事件**）。

事案は、次の通りです。少し長くなりますが、特殊な事例の要点がまとめられていますので、最高裁平成27年判決を引用します。

「被告人は、自宅のパソコン等を用いてインターネットを介してチケットレスでの購入が可能で代金及び当たり馬券の払戻金の決済を銀行口座で行えるという日本中央競馬会が提供する

＊80　東京地裁平成４年３月10日判決・訟月39巻1号１３９頁、静岡地裁平成８年７月18日判決・行集47巻７＝８号６３２頁。
＊81　最高裁昭和47年12月26日第三小法廷判決・民集26巻10号２０１３頁。
＊82　大阪地裁昭和54年５月31日判決・前掲注第３章59。
＊83　最高裁平成24年１月13日第二小法廷判決・民集66巻1号1頁参照。
＊84　東京高裁平成28年２月17日判決・前掲注54。
＊85　東京高裁平成29年９月28日判決・前掲注11。

サービスを利用し、馬券を自動的に購入できる市販のソフトを使用して馬券を購入していた。被告人は、同ソフトを使用して馬券を購入するに際し、馬券の購入代金の合計額に対する払戻金の合計額の比率である回収率を高めるように、インターネット上の競馬情報配信サービス等から得られたデータを自らが分析した結果に基づき、同ソフトに条件を設定してこれに合致する馬券を抽出させ、自らが作成した計算式によって購入額を自動的に算出していた。この方法により、被告人は、毎週土日に開催される中央競馬の全ての競馬場のほとんどのレースについて、数年以上にわたって大量かつ網羅的に、1日当たり数百万円から数千万円、1年当たり10億円前後の馬券を購入し続けていた。被告人は、このような購入の態様をとることにより、当たり馬券の発生に関する偶発的要素を可能な限り減殺しようとするとともに、購入した個々の馬券を的中させて払戻金を得ようとするのではなく、長期的に見て、当たり馬券の払戻金の合計額と外れ馬券を含む全ての馬券の購入代金の合計額との差額を利益とすることを意図し、実際に本件の公訴事実とされた平成19年から平成21年までの3年間は、平成19年に約1億円、平成20年に約2600万円、平成21年に約1300万円の利益を上げていた。」

第1審から上告審まで一貫して争われたのは、**外れ馬券の購入代金も所得金額を計算する際に控除できるか**、でした。競馬の馬券の払戻金は、当時の通達によれば一時所得にあたると規定されていました（所得税基本通達34－1（2））。先ほどみた34－1（2）には当時はかっこ

◎大阪事件における検察官の主張と裁判所の認定

		起訴状の公訴事実	原判決の認定事実
平成19年分	総所得金額	3億7420万0132円	1億0730万8817円
	所得税額	1億4562万9100円	3887万2700円
平成20年分	総所得金額	6億9694万8779円	3260万8629円
	所得税額	2億7488万1500円	914万5500円
平成21年分	総所得金額	3億8836万3205円	2024万6010円
	所得税額	1億5123万0500円	398万3700円
合計	総所得金額	14億5951万2116円	1億6016万3456円
	所得税額	5億7174万1100円	5200万1900円

書も注書（後述します）もなかったのです（大阪事件の最高裁判決後に通達が改正され、かっこ書と注書が追加されました）。

そうすると、一時所得にあたるため、収入を得るために**「直接に要した」**支出金額だけが控除できることになります。そうすると、当たり馬券の購入代金は控除できますが、外れ馬券の購入代金は控除できないことになります。

一時所得であれば2分の1課税だからよいではないかと思われるかもしれませんが、競馬事件では外れ馬券の購入代金を控除できるか、できないかで、所得金額、ひいては所得税額が大きく変わるため、この点が争われたのです。

3年間（平成19年分から平成21年分）で、被告人は28億６９５１万円の馬券を購入し、30億０９７９万円の払戻金を得たのですが、馬券購入代金のうち27億４００８万円が外れ馬券

の購入代金だったという事案だったからです。大阪事件における所得金額と所得税額の対比（一時所得と主張した検察官の起訴状記載の公訴事実と、雑所得と判断した裁判所の認定事実）をみると、前頁の通りです。

このように、裁判所は一貫して第1審から上告審まで被告人（弁護人）の主張を認め、一時所得ではなく雑所得であるとして（雑所得であれば間接対応を含めた必要経費を控除できます）、外れ馬券の購入代金の控除を認めました。

大阪事件の上告審判決（最高裁平成27年判決）が、同種事件が複数ある競馬事件のなかで最初の最高裁の判断になりました。また、一般論としても、一時所得の非継続要件についての判断基準を示したものとして、先例になりました。判決は、次のようなものでした。

「……所得税法上、営利を目的とする継続的行為から生じた所得は、一時所得ではなく雑所得に区分されるところ、営利を目的とする継続的行為から生じた所得であるか否かは、文理に照らし、行為の期間、回数、頻度その他の態様、利益発生の規模、期間その他の状況等の事情を総合考慮して判断するのが相当である。」

ポイントは、**「行為」**だけでなく**「利益」**についてもみたうえで、**継続性があるかないかを**

みるというものです。「利益」も考慮するのは、非継続要件は「営利を目的とする継続的行為」ではないことであり、「継続的行為」だけでなく「**営利**を目的とする……行為」の部分も判断しなければならないからです。[*86]

そのうえで、「被告人が馬券を自動的に購入するソフトを使用して独自の条件設定と計算式に基づいてインターネットを介して長期間にわたり多数回かつ頻繁に個々の馬券の的中に着目しない網羅的な購入をして当たり馬券の払戻金を得ることにより多額の利益を恒常的に上げ、一連の馬券の購入が一体の経済活動の実態を有するといえる」などの事実が認定された大阪事件の事案では、継続性がないとはいえない（非継続要件を満たさない）としました。

このように最高裁が考えたのは、一連の行為を全体的にとらえたためです。その結果、外れ馬券の購入代金も直接要したものとして必要経費として控除できるという判断となりました（直接対応なのか、間接対応なのかについて明示はしていませんが、前者であると認定しているように考えるのが自然でしょう[*87]）。

続いて争われたのが、この最高裁平成27年判決を前提に判断された**札幌事件**です。札幌の公務員が、大阪事件と同じように大量に馬券購入をして多額の利益を得ていたのですが、こちら

＊86　楡井・前掲注6・275頁参照。この調査官解説には、営利を目的とする行為といえるためには、客観的に利益が上がる行為に限らず、客観的にみて利益が上がると期待し得る行為であればよいと説明されています。

の事件では大阪事件と異なり、自動購入ソフトを利用していたわけではないという違いがありました。また、最高裁平成27年判決を受けて、同年5月に所得税基本通達34－1（2）は改正され、先ほど触れたかっこ書が追加されたほか、注書に次のような規定が定められました。

（注）1　馬券を自動的に購入するソフトウエアを使用して独自の条件設定と計算式に基づいてインターネットを介して長期間にわたり多数回かつ頻繁に個々の馬券の的中に着目しない網羅的な購入をして当たり馬券の払戻金を得ることにより多額の利益を恒常的に上げ、一連の馬券の購入が一体の経済活動の実態を有することが客観的に明らかである場合の競馬の馬券の払戻金に係る所得は、営利を目的とする継続的行為から生じた所得として雑所得に該当する。

2　上記（注）1以外の場合の競馬の馬券の払戻金に係る所得は、一時所得に該当することに留意する。

これは、大阪事件（最高裁平成27年判決）の事例をそのまま挙げ、その場合は一時所得ではなく雑所得であると規定されたものです。

この通達によれば、大阪事件と同じような事案でない限り、競馬の馬券の払戻金が雑所得になることはない、ということです。

札幌事件の第1審も、この改正通達の見解をなぞるかのように、最高裁平成27年判決の非継続要件の判断基準を用いながらも、大阪事件に匹敵するような継続性はないとして、非継続要件該当性を満たすとして一時所得と判断しました（納税者の請求を棄却しました）。[*88]

一方、控訴審では第1審判決を取消し、非継続要件を満たさないとして雑所得にあたると判示しました（外れ馬券の購入代金も控除できるとして、納税者の請求が認容されました）。

そして、上告審（最高裁平成29年判決）でも、控訴審と同じ判断が下されました。次のような判示です。

「X〈原告・控訴人・被上告人〉は、予想の確度の高低と予想が的中した際の配当率の大小の組合せにより定めた購入パターンに従って馬券を購入することとし、偶然性の影響を減殺す

＊87 「本件においては、外れ馬券を含む一連の馬券の購入が一体の経済活動の実態を有するのであるから、当たり馬券の購入代金の費用だけでなく、外れ馬券を含む全ての馬券の購入代金の費用が当たり馬券の払戻金という収入に対応するということができ、本件外れ馬券の購入代金は同法37条1項の必要経費に当たると解するのが相当である。」と判示されました。この点について、調査官解説では「個別対応費用との考え方に親和的な説示をしているともみられるものの、個別対応費用又は期間対応費用のいずれに当たるかは明言していない」と説明されています（橡井・前掲注6・285頁）。

＊88 東京地裁平成27年5月14日判決・判時2319号14頁。

るために、年間を通じてほぼ全てのレースで馬券を購入することを目標として、年間を通じての収支で利益が得られるように工夫しながら、6年間にわたり、1節当たり数百万円から数千万円、1年当たり合計3億円から21億円程度となる多数の馬券を購入し続けたというのである。このようなXの馬券購入の期間、回数、頻度その他の態様に照らせば、Xの上記の一連の行為は、継続的行為といえるものである。

そして、Xは、上記6年間のいずれの年についても年間を通じての収支で利益を得ていた上、その金額も、少ない年で約1800万円、多い年では約2億円に及んでいたというのであるから、上記のような馬券購入の態様に加え、このような利益発生の規模、期間その他の状況等に鑑みると、Xは回収率が総体として100%を超えるように馬券を選別して購入し続けてきたといえるのであって、そのようなXの上記の一連の行為は、客観的にみて営利を目的とするものであったということができる。

以上によれば、本件所得は、営利を目的とする継続的行為から生じた所得として、所得税法35条1項にいう雑所得に当たると解するのが相当である。」

自動購入ソフトによらなくても一時所得にあたらない（雑所得にあたる）場合があるという、最高裁の判断が示されたことになります。これを受けて、再び所得税基本通達の改正が検討され、平成30年（2018年）6月に、次の通り改正されました。*89

（注）1　馬券を自動的に購入するソフトウエアを使用して定めた独自の条件設定と計算式に基づき、又は予想の確度の高低と予想が的中した際の配当率の大小の組合せにより定めた購入パターンに従って、偶然性の影響を減殺するために、年間を通じてほぼ全てのレースで馬券を購入するなど、年間を通じての収支で利益が得られるように工夫しながら多数の馬券を購入し続けることにより、年間を通じての収支で多額の利益を上げ、これらの事実により、回収率が馬券の当該購入行為の期間総体として100％を超えるように馬券を購入し続けてきたことが客観的に明らかな場合の競馬の馬券の払戻金に係る所得は、営利を目的とする継続的行為から生じた所得として雑所得に該当する。（傍線部分が改正箇所）

租税法律主義の下で通達の規定は課税要件とならず、そもそも参考レベルに過ぎないものです。しかし、平成27年に最高裁判決が出たことで改正したにもかかわらず、その数年後に再び

＊89　国税庁長官「『所得税基本通達の制定について』の一部改正について」（法令解釈通達）。最高裁平成29年判決と通達改正との関係を論じたものに、酒井克彦「判例の射程範囲と通達改正等」Accord Tax. Review 9＝10号（2018年）1頁等があります。

最高裁判決が出たことでさらに改正されました。国税当局としては、後手にまわる状況になってしまったことを否めないでしょう。

もっとも、この2つの最高裁判決をみても（また改正された通達の規定をみても）、実際に、どの程度の回数、金額の購入が何年程度続き、利益がどれくらい出ていれば、馬券の払戻金による所得が原則である一時所得ではなく、（非継続要件を満たさないとして）雑所得になるのか、その明瞭なメルクマールはないというほかありません。

このことは、事業所得のときにお話しをした**横浜事件**の納税者が赤字が3年出ていたという理由などから事業所得該当性を否定され、結局、大阪事件や札幌事件ほどの継続性はないとして、非継続要件を満たすと判断されていること、つまり一時所得にあたると判断されていることからも明らかです。

横浜事件は、「本件各係争年分における本件各ＰＡＴ口座のＪＲＡとの決済における入金額及び本件在席投票においてＪＲＡから交付を受けた額は、平成21年分において総額２億５５１３万７６４０円、平成22年分において総額４８３９万３０２０円」であること、「その規模は多額ではあるし、……Ｘ〔原告・控訴人〕は、少なくとも、平成21年は２８１３レース、平成22年は２２４７レース（略）という多数のレースで馬券を購入していたこと」が認定された事案ですが、それでも非継続要件を満たす（継続性はない）と判断されているのです。

競馬所得については、常連であっても娯楽として楽しむ分には一時所得にあたると理解されてきました。しかし、こうした新しい購入形態が行われるようになり、判断のむずかしい事例が多発しているという状況です。

特に、横浜事件のように、所得（利益）が毎年出ているかといったことを「事業所得」だけでなく、一時所得の非継続要件でもみるとなると、そもそも最初に競馬購入を始めた年分の所得は何なのか、という判断が困難な問題を引き起こすといわざるを得ません。

大阪事件の被告人も、公訴時効（起訴された申告書不提出罪は3年の公訴時効でした[*90]）の関係で、馬券購入を始めた最初の3年分は起訴されていないのですが、1年目（平成16年分）は収支がプラス・マイナス0、2年目（平成17年分）は900万円、3年目（平成18年分）は5000万円だったのが、4年目以降に桁が変わる利益に変わっています。具体的には、平成19年分は1億円、平成20年分は2600万円、平成21年分は1300万円の利益（所得）が発生していたというものです。

しかし、所得税は期間税であり、暦年課税です。その年分ごとに、所得は判断されなければ

*90 被告人は所得税法違反（平成22年法律第6号による改正前の所得税法241条〔申告書不提出罪〕）で起訴されました。同罪の法定刑は1年以下の懲役又は20万円以下の罰金で、公訴時効は3年でした（刑事訴訟法250条2項6号）。

ならないはずです。**果たして、この大阪事件の被告人の競馬所得を平成17年分や平成18年分だけでみたときに、一時所得にはあたらない（雑所得にあたる）といえたのでしょうか。**

競馬事件を通覧していくと、所得区分の判定が困難になっているといわざるを得ません。それは、給与所得と事業所得の違いなどの判定と異なり、競馬においては過去の競馬所得の利益（損失）の状況もみたうえで裁判所が判断をしているからです。

そして、これは事後的に数年分をみることができる裁判所には可能なことかもしれませんが、最初に申告をする納税者にとっては自身での所得区分の判断が（専門家に相談したとしても）困難といわざるを得ない事例が存在する事態になっていると思います。

競馬所得については、その課税のあり方を明確な立法で定めるほかない時代になっているのではないでしょうか。この点について、最高裁平成27年判決で付された大谷剛彦裁判官の次の意見を紹介しておきたいと思います。

「……本来的には娯楽の世界にあった競馬について、大量のデータを用いて自動的に馬券を抽出してインターネットを介して購入することが可能なソフトが開発され、これを利用したビジネス性を持つ活動が現れているようであり、また、本件を機に、本件に類する活動も考えられる。このような状況において、課税の公平、安定性の観点から、課税対象を明確にして妥当な税率を課すなどの特例措置を設けることも必要と思われるので指摘しておきたい。」

■「バスケット・カテゴリー」としての雑所得

さて、最後に雑所得についても、みておきましょう。

これまでお話しした通り、雑所得は他の9種類の所得のいずれにもあたらない所得です（所得税法35条1項）。どの所得にもあたらないものであるため、「**バスケット・カテゴリー**」と呼ばれることがあります。

雑所得の手前には先ほど説明した一時所得がありました。一時所得には、①除外要件がありましたが、結局、所得区分については、一時所得・雑所得が最後の2種類として存在しており、他の8種類にあたるかどうかをまず検討すべきことになります。

そして、他の8種類にあたらないとなったときに、一時所得の①除外要件を満たすため、さらに②非継続要件、③非対価要件も満たすかが問題になります。①〜③のすべてを満たせば一時所得になりますが、①の要件を満たして、②、③のいずれかの要件を満たさなければ、最後の雑所得に落ちることになります。

雑所得にあたる場合には、事業所得と同様に、**必要経費を控除することができますが**（所得税法35条2項2号）、事業所得と異なり、**他の所得との損益通算はできません**（同法69条1項参照）。

ところで、②非継続要件を満たさないとして雑所得とされた例としては、先ほどお話しした競馬事件（大阪事件、札幌事件）がありました。これに対し、③非対価要件を満たさないため雑所得になるとされたものには、（1）法人の役員が資本関係のない外国法人から付与されたストック・オプションの権利行使をして得た利益[*91]、（2）民法上の任意組合が企業から発行を受けた新株予約権を行使した組合員が得た利益[*92]、（3）国立大学時代に職務発明について特許を受ける権利を同大学に無償譲渡していた大学教授が、法改正により同大学が独立行政法人に組織変更された後に旧国立大学が取得していた特許権を企業に数億円で譲渡したことで支給されることになった、新大学の新規程に基づく配分（弁護士報酬などを除いた後の4割相当額）で計算された補償金（約5544万円）[*93]、などがあります。

（3）は職務発明の対価であり、譲渡所得で触れた事例（特許を受ける権利の譲渡の対価を支払を会社から受けた後に訴訟を提起し別に受領した和解金が譲渡所得にあたらず、雑所得にあたるとされた**大阪職務発明事件**）とも似ている部分がありますが、（3）の事件では譲渡所得該当性は争われず、一時所得該当性が争われました。裁判所は、次のように判示し、大学教授が得た5544万円の補償金は「資産の譲渡の対価としての性質」を有するので、非対価要件を満たさないとして雑所得にあたると判断しました。

「……一時所得については、……『営利を目的とする継続的行為から生じた所得以外の一時の所得』であって、かつ、『労務その他の役務又は資産の譲渡の対価としての性質を有しないもの』

をいうとされ、一時的かつ偶発的な所得に限定されているところ、これは、このような所得については、その性質上、担税力が低いとの考慮によるものと解される。そして、同法34条1項が『資産の譲渡の対価としての性質』を有する所得を一時所得から除外している趣旨が、そのような性質を有する所得は偶発的に生じたものとはいえないことにあることからすれば、上記にいう『資産の譲渡の対価としての性質』を有する所得については、資産の譲渡と反対給付の関係にあるような給付に限られるものではなく、資産の譲渡と密接に関連する給付であってそれがされた事情に照らし偶発的に生じた利益とはいえないものも含まれると解するのが相当である。」

旧国立大学に特許を受ける権利を無償譲渡したのは平成8年及び平成10年だったのですが、新大学が企業に特許権を2億5000万円（消費税込みで2億6250万円）で譲渡したのは平成23年のことでした。補償金（5544万円）が「資産の譲渡の対価としての性質」を有す

＊91　東京高裁平成17年4月27日判決・訟月52巻10号3209頁。
＊92　東京高裁平成23年6月29日判決・前掲注78。
＊93　東京高裁平成28年11月17日判決・公刊物未登載、東京地裁平成28年5月27日判決・公刊物未登載。

るというのであれば、譲渡所得にあたることになりそうです。

ただし、納税者は譲渡所得該当性を主張しなかったため、争点になりませんでした。これは譲渡所得のときに説明した裁判例で「一時に実現する所得」であることが必要とされたことから、[*94]争わなかったものと推測されます。しかし本件では当初、譲渡は無償譲渡だったため、譲渡所得にあたる所得はありません。そうであれば、裁判所も「資産の譲渡の対価としての性質」を有するということの5544万円は、譲渡所得にあたると考えることもできたように思われます。

譲渡所得であれば、職務発明の対価の場合は長期譲渡所得になるため（所得税法施行令82条）、2分の1課税になります。一時所得でも2分の1課税になりますが、雑所得になると2分の1課税にはなりません。どの結論が妥当なのかは考え方にもよると思いますが、職務発明の対価については、このように当初譲渡の対価についてのみ譲渡所得とされ（無償譲渡であれば譲渡所得課税なし）、その後に得た対価は、資産の譲渡としての対価であっても譲渡所得にはならず、また、偶発的な事情の積み重ねにより無償譲渡から相当期間経過した後に補償金を得たとしても一時所得にもあたらない、というのが裁判所の結論です。

つまり、いずれにしても2分の1課税にはならないということですが、これは果たして妥当な結論といえるのでしょうか。

このように、雑所得といっても、他の所得との争いに敗れて該当することになった例が多いといわざるを得ませんが、そもそも条文の要件からはそれこそが雑所得であるといえます。

そうすると、給与所得や事業所得などの他の所得と異なり、雑所得そのものに共通するイメージはないようにも思えます。しかし、雑所得の性質については、すべてにあてはまるのかは疑問なしとはいえませんが、一般的には、「**余剰資産の運用**」によって得た利益であるといわれることがあります。[*95] FX、継続的な馬券収入、商品先物取引など、事業所得にあたらないことを理由に雑所得とされた例を思い出すと、確かにそのような側面がありそうです。

この点で、雑所得には損益通算が認められていないけれど、それは違憲ではないと解されています。次のような判示です。

「……雑所得と他の所得の間には所得の発生する状況に差異があり、雑所得においては、多くは余剰資産の運用によって得られるところのものであり、その担税力の差に着目すれば、雑所得に他の所得との損益通算の規定がないことにはそれ相当の合理性を認めることができるから、それをもって憲法第29条、第22条に違反するとの見解は採用できない。」

＊94 大阪高裁平成24年4月26日判決・前掲注75。
＊95 福岡高裁昭和54年7月17日判決・訟月25巻11号2888頁。

なお、条文の規定を特にみずに、ここまで説明をしてきましたが、雑所得は次のように規定されています。雑所得としては、正確には公的年金等もあります（所得税法35条2項1号参照）。公的年金等の場合には、必要経費ではなく**公的年金等控除額**を控除することになります。

> **第35条**　雑所得とは、利子所得、配当所得、不動産所得、事業所得、給与所得、退職所得、山林所得、譲渡所得及び一時所得のいずれにも該当しない所得をいう。
> 2　雑所得の金額は、次の各号に掲げる金額の合計額とする。
> 一　その年中の公的年金等の収入金額から公的年金等控除額を控除した残額
> 二　その年中の雑所得（公的年金等に係るものを除く。）に係る総収入金額から必要経費を控除した金額

公的年金等に公的年金等控除額の控除が認められたのは、昭和62年改正のときです。年金の取得には給与所得と異なり経費は発生しないこと、年金受給者が高齢であることに鑑み、給与所得控除額が控除される給与所得ではなく、雑所得に分類し控除額を増やしたのです。

所得区分については以上です。

所得区分は従前より争いが多い分野でしたが、どの所得にあたるかを所得税法の規定を解釈

して適用することがむずかしいケースが増えています。従前では考えられなかった馬券購入による継続的な利益や、働き方の多様性に伴う従前の二分法にはあてはまりにくい態様による報酬、職務発明などの諸権利の充実により得られるようになった補償金などです。現行の所得税法の体系を維持する限り、このような争いは常に念頭におかなければなりません。

そもそも、ひとくちに所得といっても、個々の所得には「担税力」に差異があります。そこで、担税力に即応した所得金額や所得税額の計算を用意したのが、現行の所得税法です。このような考え方は公平な課税を実現するためには重要ですが、10種類もの所得区分が必要なのかについては、そろそろ見直しがなされるべき時期に来ているのかもしれません。

次章では、所得区分が確定されたうえで、いつの年分の所得として計上すべきなのか、という**年度帰属（課税時期）**の解説をします。

INCOME
TAX LAW

第6章

所得はどの年に課税されるのか？

——権利確定主義という考え方

INCOME TAX LAW 1

現金主義か？　発生主義か？

さて、ヤマである所得区分は終わりました。一般書としては分厚く、情報量も多いと思われる本書も、あと少しで終わりです。この章では、**年度帰属**について簡単にお話しをします。

年度帰属とは、いつの年分として課税されるのか、つまり、**課税時期**のことです。

所得税は期間税であり、暦年課税であることはすでにお話しをしました。そうすると、たとえば、個人事業主がX１年12月10日に商品を販売する契約をしたものの、代金の支払はX２年の１月末になるという場合、契約を締結した年分（X１年分）の収入にあげるべきなのか、代金の支払請求ができるようになった翌年分（X２年分）の収入にあげるべきなのか、という問題が生じます。

契約通りに代金の支払を受けられればよいですが、期限を徒過しても支払ってもらえず、実際に代金の支払を受けたのはその１年後のX３年だったという場合、１年後の年分（X３年分）の収入でよいのか、という問題にもなります。

ここで問題とされているのは、所得税法36条１項が「**収入すべき金額**」としているため、代金が支払われる時まで収入金額には計上されないと解してよいのかどうかです。いい方を変えると、**代金支払請求権が発生していれば、現実の支払がない段階でも「収入すべき金額」として収入金額に算入されるのか、という問題になります。**キャッシュを得て、はじめて収入金額に算入されるという前者の考え方を「**現金主義**」といい、現実の収入はなくても請求できる権利が発生していれば収入金額に算入されるという後者の考え方を「**発生主義**」といいます。

ここで条文をみてみましょう。所得税法36条1項には、次のように規定されています。

> （収入金額）
> **第36条**　その年分の各種所得の金額の計算上収入金額とすべき金額又は総収入金額に算入すべき金額は、別段の定めがあるものを除き、その年において収入すべき金額（金銭以外の物又は権利その他経済的な利益をもつて収入する場合には、その金銭以外の物又は権利その他経済的な利益の価額）とする。

「**各種所得の金額**」とは、「利子所得の金額、配当所得の金額、不動産所得の金額、事業所得の金額、給与所得の金額、退職所得の金額、山林所得の金額、譲渡所得の金額、一時所得の金額及び雑所得の金額」のことで（同法2条1項22号）、10種類の所得区分のそれぞれの所得金額のことです（第5章参照）。

それぞれの所得金額の収入金額（又は総収入金額）とすべき金額は、「その年において収入すべき金額……とする」と規定されています。「別段の定めがあるものを除き」とありますから、別段の定めがあればそれによりますが（例外規定）、そうでない限りは「**収入すべき金額**」になる、ということです。ここで「収入した」という文言になっていない点には注意が必要です。[*1]「収入した」であれば、現実に収入を得た時点と考えられますが（現金主義）、そうではありません。「収入すべき」状態になれば、収入金額（又は総収入金額）に算入しなければならないと規定されているからです。この規定から、所得税法は発生主義を採っていることがわかります。最高裁も、次のように発生主義のなかでも**権利確定主義**を採用していると解しています。[*2]

「……旧所得税法は、一暦年を単位としてその期間ごとに課税所得を計算し、課税を行うこととしている。そして、同法10条（現行法36条1項）が、右期間中の総収入金額又は収入金額の計算について、『収入すべき金額による』と定め、『収入した金額による』としていないことから考えると、同法は、現実の収入がなくても、その収入の原因たる権利が確定的に発生した場合には、その時点で所得の実現があったものとして、右権利発生の時期の属する年度の課税所得を計算するという建前（いわゆる権利確定主義）を採用しているものと解される。」

INCOME TAX LAW 2

権利確定主義と具体例

このように権利確定主義が採られているとなると、次に**どの時点で権利が確定し、所得が実現するのか**が問題になります。

所得概念や譲渡所得のところで、「未実現の所得」の話をしました。譲渡所得は、清算課税説が採用されているため、保有資産が手を離れた（他者に移転した）ときにキャピタル・ゲイン（増加益）に課税されますが、この時点で所得が実現すると考えられていましたよね。

では、このような所得の実現（権利の確定）とは、一般的に、どの時点をいうと考えられているのでしょうか。

＊1　たとえば、所得税法36条3項には「別段の定め」として、「その年分の利子所得の金額又は配当所得の金額の計算上収入金額とすべき金額は、第1項の規定にかかわらず、その年において支払を受けた金額とする。」と定められています。内容は細かいので省略しますが、「支払を受けた金額」という文言があり、例外的に現金主義が採られている場合があることがわかります。逆にいえば、原則は現金主義ではない、ということです。

＊2　最高裁昭和49年3月8日第二小法廷判決・民集28巻2号186頁。

たとえば、事業用不動産を個人事業主が売却した事例における売買代金債権（1億2000万円）について、法律上行使することができるようになったときの総収入金額（事業所得）に計上されるとされ、売買契約の成立時ではなく、履行期の年度に帰属するとされた判例があります。[*3]

この判例では、解約手附《てつけ》として受領していた金額（2000万円）についても、民法上の解約手附（民法557条）の法的性質を前提に、手附金を受領した段階では収入に計上されないという判断がなされています。具体的には、次のような判示です。

「……所得税法10条1項〔現行法36条1項〕にいう収入すべき金額とは、収入すべき権利の確定した金額をいい、その確定の時期は、いわゆる事業所得にかかる売買代金債権については、法律上これを行使することができるようになつたときと解するのが相当である。そして、原審の認定した事実によると、所論売買契約にもとづく1億2000万円の代金債権は、昭和34年度に行使することができるようになつたものであるから、これを同年度に収入すべき金額であるとした原審の判断は、結論において正当であるといわなければならない。また、所論2000万円は、原審の認定した事実によると、いわゆる解約手附として受取つたものであるところ、解約手附は、両当事者が契約の解除権を留保するとともに、これを行使した場合の損害賠償額となるものとして、あらかじめ授受するに過ぎないものであつて、それを受取つたからといって、それを受取るべき権利が確定しているわけではないから、そのままでは、前記収入すべき権利の確定した金額には当らないものと解するのが相当である。」

また、消費貸借契約（民法587条）に基づく貸付金の利息や遅延損害金については、履行期の到来により原則として権利が確定し、収入に計上されると解されています。[*4] 請求できる権利の発生（確定）は、履行期の到来によるということです。

このように、いつの年分に計上されるかの判断は、「収入すべき金額」とされる時期の具体的な判定を伴います。この点については、今挙げたような裁判例もありますが、課税実務では、権利確定主義の考え方を基礎にしながら、通達で詳細な定めがなされています。[*5]

あくまで国税庁長官が発遣した通達ですので、それが所得税法の解釈として常に正しいといえるかは別問題ですが、たとえば、不動産所得について、「契約又は慣習により支払日が定められているものについてはその支払日、支払日が定められていないものについてはその支払を受けた日（請求があったときに支払うべきものとされているものについては、その請求の日）」とするなどの規定が定められています（所得税基本通達36－5（1））。

＊3　最高裁昭和40年9月8日第二小法廷決定・刑集19巻6号630頁。
＊4　最高裁昭和46年11月9日第三小法廷判決・民集25巻8号1120頁。
＊5　所得税基本通達に「収入金額の収入すべき時期」という見出しの下、36－2から36－14に詳細な規定があります。

INCOME TAX LAW 3

管理支配基準とは？

このように、いつの年分の収入金額（又は総収入金額）に計上すべきなのかという年度帰属の問題については、現金主義ではなく、発生主義が採られており、発生主義のなかでも権利確定主義（実現主義）が採用されています（所得税法36条1項）。

しかし、判例や裁判例をみると、法的な権利は未だ確定しないのに、収入金額（又は総収入金額）に算入される（早めに課税される）としたものも、それなりの数があります。

■法的な権利が未確定でも課税されると判断された例

たとえば、賃料増額請求を行った不動産の貸主の民事訴訟が係属中であるにもかかわらず、仮執行宣言付判決に基づき支払われた増額部分の賃料について総収入金額（不動産所得）に計上されるとした判例があります。[*6] 次のような判示でした。

「……収入の原因となる権利が確定する時期はそれぞれの権利の特質を考慮し決定されるべきものであるが、賃料増額請求にかかる増額賃料債権については、それが賃借人により争われた場合には、原則として、右債権の存在を認める裁判が確定した時にその権利が確定するものと解するのが相当である。

……旧所得税法がいわゆる権利確定主義を採用したのは、課税にあたつて常に現実収入のときまで課税することができないとしたのでは、納税者の恣意を許し、課税の公平を期しがたいので、徴税政策上の技術的見地から、収入の原因となる権利の確定した時期をとらえて課税することとしたものであることにかんがみれば、増額賃料債権……についてなお係争中であつても、これに関しすでに金員を収受し、所得の実現があつたとみることができる状態が生じたときには、その時期の属する年分の収入金額として所得を計算すべきものであることは当然であり、この理は、仮執行宣言に基づく給付として金員を取得した場合についてもあてはまるものといわなければならない。けだし、仮執行宣言付判決は上級審において取消変更の可能性がないわけではなく、その意味において仮執行宣言に基づく金員の給付は解除条件付のものというべきであり、これにより債権者は確定的に金員の取得をするものとはいえないが、債権者は、未確定とはいえ請求権があると判断され執行力を付与された判決に基づき有効に金員を取得し、これを自己の所有として自由に処分することができるのであつて、右金員の取得によりすでに所得が実現されたものとみるのが相当であるからである。また、右のように解しても、仮

＊6　最高裁昭和53年2月24日第二小法廷判決・民集32巻1号43頁。

に上級審において仮執行の宣言又は本案判決の取消変更により仮執行の宣言が効力を失った場合には、右失効により返還すべきこととなる部分の金額に対応する所得の金額は、当該所得を生じた年分の所得の計算上なかったものとみなされ（旧所得税法10条の6第1項）、更正の請求（同法27条の2）により救済を受けることができるのであるから、なんら不都合は生じないのである。」

訴訟で争われている賃料増額請求権は、これを認容する判決が確定したときに確定することが原則ですが、判決確定前でも実際に支払われた賃料がある場合には、これを収入として計上すべきというのが、最高裁の考え方です。

このように考えると、受領した増額賃料について所得税を納めた後に、判決で法的請求権がないとの判断が確定する場合があります。その場合には、更正の請求をすることで、納税者は税務署長に減額更正処分をしてもらえればよい、ということです。

ほかにも、農地法上の知事の許可が行われる前に譲渡代金を受領した事例で、法的には知事の許可があって契約の効力が生じるはずのところ、現に代金を受領した年分の総収入金額（譲渡所得）に計上されるとしたものがあります。[*7] 次のような判示でした。

「……農地の譲渡について、昭和43年中に農地法所定の知事の許可がされていなくても、同年中に譲渡所得の実現があったものとして、右収受した代金に対し課税することができるとした原審の判断は、正当として是認することができる。」

また、歯科医が患者に矯正装置を装着して歯並びを矯正する治療をする契約を締結して継続的に診療をした事案で、契約期間の最初にその後の費用も含めて一括して支払った報酬について、途中での契約解除があれば残金を返還する約定になっているにもかかわらず、一括して受領したときの年分の総収入金額（事業所得）に全額が計上されるとしたものもあります。[*8]

返金の実績が、3年間の患者数が651人であるのに対し、返金をした患者数は13名に過ぎず、全体の1・99％であったことや、金額面でも、3年間に受領した矯正料が1億6312万円であるのに対し、返金額は合計178万5000円であって、全体の1・09％に過ぎなかった事実が認定された事案でした。

さらに、日米安全保障条約6条に基づく施設及び区域並びに日本国における合衆国軍隊の土

＊7　最高裁昭和60年4月18日第一小法廷判決・訟月31巻12号3147頁。
＊8　高松高裁平成8年3月26日判決・行集47巻3号325頁。

地に関する協定の実施に伴う土地等の使用に関する特別措置法14条に基づき適用される土地収用法の規定に基づき、その所有する土地について、使用期間を10年とする使用の採決がされ、同法72条、71条所定の使用する土地に対する補償金全額の払渡しを受けた事案で、その全額の支払を受けた年分の総収入金額（不動産所得）に算入すべきとされたものもあります。[*9]

所得概念で解説した違法所得の議論も（第3章の6参照）、同様に考えることができます。利息制限法に違反して個人の貸金業を営む事業主が受領した制限超過利息（違法所得）について、最高裁はすでに受領した場合には総収入金額（事業所得）に算入されるとしました。[*10] 未収の（受領していない）場合と異なり、受領した場合は、不当利得に基づく返還請求をされれば返さなければならないという意味では、法的には権利の確定はないはずです。しかし、事実上、受領した金銭は**管理支配できる状況にあるため、所得（収入）を得たといえる**とされました。最高裁判決の判示は、次の通りです。

「一般に、金銭消費貸借上の利息・損害金債権については、その履行期が到来すれば、現実にはなお未収の状態にあるとしても、旧所得税法10条1項（現行法36条1項）にいう『収入すべき金額』にあたるものとして、課税の対象となるべき所得を構成すると解されるが、それは、特段の事情のないかぎり、収入実現の可能性が高度であると認められるからであつて、これに対し、利息制限法による制限超過の利息・損害金は、その基礎となる約定自体が無効であって（略）、約定の履行期の到来によっても、利息・損害金債権を生ずるに由なく、貸主は、ただ、借主が、大法廷判決によって確立された法理にもかかわらず、あえて法律の保護を求めることなく、任意の支払を行なうかも知れないことを、事実上期待しうるにとどまるのであって、とうてい、収入実現の蓋然性があるものということはできず、したがって、制限超過の利息・損害金は、たとえ約定の履行期が到来しても、なお未収であるかぎり、旧所得税法10条1項にいう『収入すべき金額』に該当しないものというべきである（略）。」

原則としての権利確定主義、例外としての管理支配基準

法的権利の発生が確定していなくても、事実上その利益を管理支配できる状況になった場合に「収入」があったとする考え方を、「**管理支配基準**」といいます。

この管理支配基準については、先ほど挙げた事例の判決を読んでも、じつは統一的な説明はなされていません。なかには管理支配をしていることを理由に「権利が確定した」として課税を認めるものもあります。

＊9　最高裁平成10年11月10日第三小法廷判決・判時1661号29頁。
＊10　最高裁昭和46年11月9日第三小法廷判決・前掲注4。

しかし、理論的な分析を試みれば、不当利得などの返還請求（契約解除の場合の返還請求も含む）があれば返還しなければならないという場合は、やはり法的な権利は確定したとはいえないでしょう。**それにもかかわらず、収入があったとして課税をするのは、例外的に法的権利の確定はなくても、事実上管理支配できる状態になった場合には収入があったと認める管理支配基準を補完的に使っている、とみるのが正確です。**

このように考えたほうが、すっきりと整理できるのではないかと思います。

つまり、所得（収入）の年度帰属は、原則的には権利確定主義で判断しますが、例外的に権利確定がなくても管理支配基準により判断される場合がある、という考え方です。

INCOME TAX LAW 4

金銭以外の収入はどのように評価するのか？

ここまでは金銭を前提にお話ししてきましたが、所得概念で説明したように、金銭以外の物、権利、経済的な利益であっても所得です（第3章参照）。これらにも所得税は課されます。

そのことが、本章の冒頭でみた所得税法36条1項のかっこ書に規定されています。先ほどは説明を飛ばしましたが、かっこ書をみると「（金銭以外の物又は権利その他経済的な利益をもつて収入する場合には、その金銭以外の物又は権利その他経済的な利益の価額）」と書かれています。網掛けにあるように「物」「権利」「経済的な利益」による収入については、それらの価額を収入金額（又は総収入金額）に算入することになります。では、それらの「価額」とはどのようなものをいうのでしょうか。この点について規定したのが、次の36条2項です。

> 2　前項の金銭以外の物又は権利その他経済的な利益の価額は、当該物若しくは権利を取得し、又は当該利益を享受する時における価額とする。

このように、物、権利、経済的な利益の価額とは、物や権利を取得し、経済的な利益を享受する「**時における価額**」、つまり**時価**を指すということです。

法人から土地の贈与を受けた個人には一時所得課税がなされるのが原則ですが、この一時所得の総収入金額は土地の「時価」になります。金銭の場合は金額を表わしていますが、物、権利、経済的な利益は、時価で評価することが必要になるのです。

債務免除を受けた場合の利益（債務免除益）は、免除された債務相当額になります。1000万円の債務を免除された場合は1000万円、ということです。このようにシンプルに考えられる事例では、経済的な利益の時価の評価はわかりやすいでしょう。

しかし、評価を伴う点は否めません。

INCOME TAX LAW 5

権利が確定したものの、回収できなかった場合は？

権利確定主義により収入金額（又は総収入金額）が決まると、本章の冒頭で取り上げた個人事業主による商品販売の事例でいえば、代金支払請求権の発生が確定した時点となり、その年分の収入金額にその代金（たとえば300万円）を計上することになります。つまり、所得があったものとして課税されます。

しかし、権利が確定したとしても、相手が支払ってくれないということは、ごく普通にあることです。その場合、300万円の収入が得られることを前提に所得税が課されたことになります。しかし、最終的に相手が倒産して1円も回収できなかったという場合、それでも権利が確定した300万円に課税されたままになってしまうのは妥当といえないでしょう。

権利確定主義が採用されているのは、判例にあったように、今日の信用取引の下では現実の収入を得ていない時点でも、収入が得られる蓋然性が十分にあるといえる状況があるからです。そして、そのような収入が得られる蓋然性《がいぜんせい》が高い状態になっているにもかかわらず、現実の収入を得るまで課税できないとなると、納税者の側で支払を受ける時期を操作し、恣意的に課税時期を選択できることを認める危険が生じてしまいます。

このような**納税者の恣意的操作を防止する**意味もあり、権利確定主義は採られています。

そうだとすると、まったく収入が得られないことが明確になった場合にまで、収入が得られる蓋然性が高いことを前提にした課税を放置するのは妥当ではありません。なぜなら、課税されたまま放置してよいとなれば、所得がないところに課税するのと同じことになってしまい、憲法違反の疑いも出てくるからです（**財産権侵害**）。

そこで、所得税法は、こうした事後的な事情が生じた場合の処理の規定も設けています。たとえば、事業所得のある者など（ほかには不動産所得、山林所得のある者）が、貸付金や売掛金などの債権の回収が困難になった場合には、その年分の必要経費に当該債権額を算入することができます。これを「**資産損失**」といいます（所得税法51条2項）。条文には、次のように規定されています。必要経費を定めた37条1項の「別段の定め」に相当します。

> 2　居住者の営む不動産所得、事業所得又は山林所得を生ずべき事業について、その事業の遂行上生じた売掛金、貸付金、前渡金その他これらに準ずる債権の貸倒れその他政令で定める事由により生じた損失の金額は、その者のその損失の生じた日の属する年分の不動産所得の金額、事業所得の金額又は山林所得の金額の計算上、必要経費に算入する。

ただし、この資産損失としての「貸倒損失」が認められるためには、債権が法律上消滅したこと（法律上の貸倒れ）、あるいは、そうでなければ客観的に全額回収不能であること（事実上の貸倒れ）が必要であると解されています。[*11]

■納税後に回収不能になった事例で救済を認めた最高裁判決

こうした調整規定がなければ、所得のないところに課税することになり、違憲のおそれが生じます。具体的には、次のような最高裁の判決があります（最高裁昭和49年判決）。[*12] 雑所得（非事業上の債権）について回収不能になった場合の調整規定を定めていなかった当時の所得税法の下で、当初納めた所得税について国に対して不当利得として返還請求を行うことができるという判断でした。[*13] 重要な判決なので、少し長くなりますが、引用します（権利確定主義を明示した最高裁判決として本章の最初に挙げた判例なので、権利確定主義部分を判示した後の続きの引用になります）。

＊11　名古屋高裁平成４年10月21日判決・行集43巻10号１２６０頁。
＊12　最高裁昭和49年３月８日第二小法廷判決・前掲注２。
＊13　利益を受けた者（受益者）がいて、他方で損失を被った者（損失者）がいる場合で、この利益に「法律上の原因」がない場合、その利得の返還を請求できます（民法７０３条、７０４条）。これを「不当利得返還請求」といいます。

「……この建前のもとにおいては、一般に、一定額の金銭の支払を目的とする債権は、その現実の支払がされる以前に右支払があつたのと同様に課税されることとなるので、課税後に至りその債権が貸倒れ等によつて回収不能となつた場合には、現実の収入がないにもかかわらず課税を受ける結果となることを避けられない。この場合、旧所得税法の解釈として、右貸倒れにかかる債権が事業所得を構成するものであるときは、事業上の貸倒れが事業遂行に伴う不可避的損失であることから、その損失額を当該貸倒れ発生年度の事業所得の計算上必要経費に算入することが許されるが、非事業上の債権の貸倒れの場合については、右のごとき措置は認められず、ほかに同法には格別の救済方法が定められていなかつたのである。しかし、そのことのゆえに、非事業上の債権の貸倒れの場合について同法がなんらの救済も認めない趣旨であつたと解するのは相当でない。

もともと、所得税は経済的な利得を対象とするものであるから、究極的には実現された収支によつてもたらされる所得について課税するのが基本原則であり、ただ、その課税に当たつて常に現実収入のときまで課税できないとしたのでは、納税者の恣意を許し、課税の公平を期しがたいので、徴税政策上の技術的見地から、収入すべき権利の確定したときをとらえて課税することとしたものであり、その意味において、権利確定主義なるものは、その権利について後に現実の支払があることを前提として、所得の帰属年度を決定するための基準であるにすぎない。換言すれば、権利確定主義のもとにおいて金銭債権の確定的発生の時期を基準として所得税を賦課徴収するのは、実質的には、いわば未必所得に対する租税の前納的性格を有するものであるから、その後において右の課税対象とされた債権が貸倒れによつて回収不能となるがごとき事態を生じた場合には、先の課税はその前提を失い、結果的に所得なきところに課税したものとして、当然にこれに対するなんらかの是正が要求されるものというべく、それは、所得税の賦課徴収につき権利確定主義をとることの反面としての要請であるといわなければならない。」

なお、現在では、雑所得などの非事業上の債権の場合でも、調整規定が定められています（所得税法64条1項、152条）。貸倒れが生じた日から2か月以内に更正の請求をすることで、回収することができないことになった金額は各種所得の金額の計算上なかったものとみなされるという規定です。この規定（当時は同法10条の6、27条の2）は、昭和37年改正で導入されたのですが、昭和37年1月1日以後に生じた貸倒れに限って適用されることになったため、最高裁昭和49年判決の事例（昭和37年より前に発生）には適用されないものでした。調整規定がなかった当時の所得税法の解釈適用においても、不当利得返還請求ができるとして**救済を認めた最高裁の判断が光ります**。

以上で、本章は終わりです。年度帰属が問題になるのは、所得税が1年分を区切りとした期間税だからです（本書の対象ではありませんが、事業年度を区切りとする法人税も、期間税なので年度帰属が問題になります）。

所得の年度帰属は厳密にいえば、収入の年度帰属だけでなく、必要経費の年度帰属も問題になります。その場合には、必要経費の要件を定めた所得税法37条1項の要件に該当するかどうかをみることになります。また、同項後段が定める間接対応（一般対応・期間対応）の必要経費については、条文上、債務の確定が原則として求められています（**債務確定主義**）。そこで、こうした後段の必要経費については、債務が確定したといえるか否かの年度帰属が問題になるのですが、本書ではそのような規定があることを指摘するにとどめておきます。[*14]

本書も、いよいよクライマックスに近づいてきました。次章では、所得（正確には課税総所得金額等）から、さらに控除される所得控除についてお話ししたいと思います。

＊14　所得税法37条1項後段には「その年における販売費、一般管理費その他これらの所得を生ずべき業務について生じた費用（償却費以外の費用でその年において債務の確定しないものを除く。）の額」と定められており、このかっこ書（網掛け部分）が求める「債務の確定」といえるための基準を**債務確定基準**といいます。具体的には、①「当該費用に係る債務が成立していること」、②「当該債務に基づいて具体的な給付をすべき原因となる事実が発生していること」、③「その金額を合理的に算出することができるものであること」のすべてを満たすことであると通達に定められています（所得税基本通達37―2）。この3要件で債務確定を認める通達の考え方については、同旨の定めを規定した法人税基本通達が定める債務確定基準（3要件）についてですが、裁判例でもその合理性が認められています（山口地裁昭和56年11月5日判決・行集32巻11号1916頁）。

INCOME TAX LAW

第7章

基礎控除、配偶者控除、医療費控除など

――所得からさらに差し引ける所得控除

INCOME TAX LAW 1

所得控除とは？

最後に、**所得控除**について簡単にお話ししておきましょう。

すでに解説したように、所得税額を計算する際には、各種所得の金額を総合した総所得金額から、さらに所得控除を行うことで課税総所得金額を計算して、これに税率を適用することになります（第1章参照）。

所得控除とは、本来の所得から、さらに控除できるものです。なぜなら、所得とは新たな経済的価値の取得であり「収入－経費」で計算される利益（儲け）を指すものですが、所得控除はこうした利益（儲け）を計算する際に差し引かれる経費ではなく、経費を差し引いた後の利益（儲け）から支出することになるものだからです。

それにもかかわらず、所得税額を計算する際に税率を適用する対象から控除されるのは、なぜでしょうか。

■所得控除を行う理由

それは、所得税の対象である個人は生身の人間であり、個人で生活をするために最低限必要なお金もあれば、妻や子どもなどの家族を養うために生じる出費や、将来の家族の生活保障のためにかかる保険料など、さまざまな諸費用があり、これらも一定の要件の下で控除を認めることが、社会政策的には必要になるからです。

たとえば、所得控除の1つに**医療費控除**があります。生身の個人の生活には病気やケガもあり、家族をもつ者には配偶者や子どもの病気やけがにも医療費が生じることへの配慮がある、ということです。

これらの所得控除は、「担税力」に配慮したものということもできます。支出が生活に不可欠なものであれば、それを利益（所得）として所得税の課税対象にすることは適切とはいえないからです。しかし、必要経費と違って、所得（利益）を計算するための投下資本部分とは異なりますので、その対象についての要件や控除の額は所得税法が上限を含め、定めています。

同じ所得に対する税金である法人税には、こうした所得控除はありません。それは、法人税の場合は、法人の所得が対象になっており、株式会社や一般社団法人などの法人には、生身の人間とは異なり、先ほど述べた所得税のような担税力への配慮を考える必要はないからです。

所得税法の規定をみるだけでも、所得控除はその種類が多く、列記すると次の通りです。

・雑損控除（所得税法72条）
・医療費控除（同法73条）
・社会保険料控除（同法74条）
・小規模企業共済等掛金控除（同法75条）
・生命保険料控除（同法76条）
・地震保険料控除（同法77条）
・寄附金控除（同法78条）
・障害者控除（同法79条）
・寡婦《かふ》（寡夫《かふ》）控除（同法81条）
・勤労学生控除（同法82条）
・配偶者控除（同法83条）
・配偶者特別控除（同法83条の2）
・扶養控除（同法84条）
・基礎控除（同法86条）

INCOME TAX LAW 2

所得控除は「課税最低限」の役割を担う

これらのうち、特に「**課税最低限**」と呼ばれるものを構成する所得控除は、**基礎控除**、**配偶者控除**（**配偶者特別控除**）、**扶養控除**です。**生命保険料控除**についても、課税最低限に加える説明がなされることもあります。

憲法25条は、健康で文化的な最低限度の生活を営む権利（**生存権**）を国民に保障しています。生存権を実現する所得税法の規定が、課税最低限と呼ばれるものです。

課税最低限には、こうした所得控除のほか、給与所得者に認められている**給与所得控除額**（65万円。所得税法28条3項1号かっこ書）もこれに含まれます。

給与所得者であれば、給与所得控除額（65万円）と基礎控除（38万円）の合計額である１０３万円までは、給与所得の収入があったとしても、所得税は0円になるからです。

結婚をしており、相手（配偶者）の収入が所定の要件を満たせば、配偶者控除（38万円）も認められていますので、１４１万円までは課税されないことになります（ただし、後述の通り、平成30年分から**収入制限**が入りました）。これが、課税最低限の具体的な内容です。

■課税最低限は最低生活費に課税をしないためのもの

このような課税最低限については、最低生活費には課税をしないという考えによるものです。収入がいくらであっても、だれにでも必ず最低限の生活費はあります。したがって、高額所得者であるかどうかにかかわらず、本来だれもが最低限課税されない金額として認められるべきもののはずです。

少なくとも、これまではそのような考えの下で、基礎控除（38万円）、配偶者控除（38万円）には収入制限もなく、だれにでも認められてきました。

INCOME TAX LAW 3

配偶者控除と基礎控除の改正

　ところが、平成29年度税制改正で配偶者控除には「収入制限」が導入され、平成30年度税制改正では**基礎控除の額が収入により変動する**（高額所得者は減額され、あるいはなくなる）改正がされました。

「収入が高いのだから、別にいいではないか」と思われるかもしれません。

　しかし、先ほどお話しした課税最低限の理論的な考え方には反します。

　平成29年度税制改正前の配偶者控除は、配偶者である妻（主婦）の収入金額が（パートで稼いでいても）１０３万円までであれば、夫に38万円の所得控除が認められるというものでした（妻が稼いで夫が主夫という場合は、妻と夫を逆に考えることになります）。

　これに対しては、「**１０３万円の壁**」といって、女性の就労や就労時間に税制が影響を与えることになり、税の中立性に反する、という批判がありました。

　もっとも、この点については、すでに昭和62年改正で、配偶者（今挙げている例では妻）の収入金額が１０３万円を超えると（今挙げている例では夫に）配偶者控除が認められなくなる

（0になる）従前の方式が改められ、**配偶者特別控除**が創設されていました（当時は配偶者控除の額の半額に近い額でした）。

そして、その後の改正を経て、平成29年度税制改正前には、103万円を超える収入を得ても141万円までであれば、配偶者特別控除が認められる（収入金額に応じて段階的に控除額が減る）ものに変わっていました（**消失控除方式**）。つまり、「103万円の壁」といっても、所得税制の問題としては解消されていたのです。

しかし実際には、103万円で就労時間の調整を行っているパート主婦の実態がありました（103万円は会社の扶養手当の基準にされていることも多く、その影響もあるのではないかという指摘もありました）。

■「配偶者控除の範囲拡大」と「高額所得者への増税」

そこで、平成29年度税制改正では、この要件が緩和され、150万円の収入金額までは配偶者控除が認められ（所得税法83条1項、2条1項30号ロかっこ書、33号、33号の2）、それを超える場合の配偶者特別控除についても201万円の収入金額までは認められることになりました（同法83条の2）。

しかし、このように配偶者控除を認める範囲を拡大することは減税になり、減税分について税収不足をもたらします。そこで、**高額所得者については配偶者控除を認めない（あるいは所**

得控除額を減らす）という増税も行われたのです。

具体的には、収入金額が1120万円を超えると、配偶者控除の額（38万円）が満額ではなくなり（1170万円までは配偶者控除の額は26万円、1220万円までは配偶者控除の額は13万円）、1220万円を超えると0になる（配偶者控除をできなくなる）、というものです（所得税法83条1項2号、3号）。こうした配偶者控除と配偶者特別控除の改正は、平成30年分（2018年分）の所得税から適用されます。

なお、**配偶者控除については、法律婚をしていること（民法上の配偶者であること）が必要である**と解されており、婚姻届を出していないけれど事実上は社会的にみても夫婦としてみなされている内縁関係の場合には適用されません。この点について最高裁は合憲であるとの判断をしています。[*1] しかし、配偶者控除が最低生活費の負担を控除するものであるという点は、内縁であっても同じく妥当するはずです。健康保険や年金などの他の社会保障の分野では、内縁関係でも法律婚と同じようにその保障を認めるものがあります（健康保険法3条7項3号、国民年金法5条7項、厚生年金法3条2項）。**この点からも、所得税法はその解釈においても立法においても、遅れをとっているといわざるを得ないでしょう。**

*1　最高裁平成9年9月9日第三小法廷判決・訟月44巻6号1009頁。

INCOME TAX LAW 4

租税理論と政策税制の矛盾――基礎控除にも収入制限が導入される

課税最低限という理論と現実の政策税制が調和せず、両者に矛盾が生じる事態は、その翌年（平成30年度）の税制改正でも、基礎控除について起きています。

ただし、その改正内容は単純ではありません。基礎控除の額を原則として引き上げる一方で給与所得控除額を同額分引き下げたうえで、課税最低限としてだれにでも控除が認められてきた38万円を高額所得者については減額し、所得金額によっては0にする（なしにする）というものです。また、併せて給与所得控除額は全体的に引き下げられており、給与所得者に対する課税が強化されています。具体的には、次の通りです（わかりにくい改正ですよね）。

平成30年度税制改正では、基礎控除の額を現行法の38万円から48万円に引き上げましたが、他方で合計所得金額が２４００万円超２５００万円以下の場合は基礎控除の額が逓減し、２５００万円を超えると基礎控除の額が０になる（なくなる）方式になりました。

これは、給与所得控除額の引き下げとセットで行われており、給与所得控除額は65万円が55万円に引き下げられているので、基礎控除額の増加分（48万円－38万円＝10万円）と合算すれば、プラス・マイナス・ゼロといえます。

ただし、給与所得控除額については、現行法の上限が220万円（収入金額が1000万円超）から195万円（収入金額が850万円超）に引き下げられていますから（第5章参照）、この点でも増税がなされています。これらの基礎控除と給与所得控除額の改正（平成30年改正）は、平成32年分（2020年分）から適用されます。

■理想と現実のせめぎ合い―理論と政策

本書でお話ししてきたように、所得税は担税力に応じた公平な課税を実現できる優れた税金です。そして、理論的には、勤労性所得よりも資産税性所得のほうが担税力が高いにもかかわらず、政策税制として投資家優遇等の措置が採られ、資産性所得のほうに税優遇がなされているのが現実です。また、資産性所得を得ている人には、1億円を超えるような年収の高い富裕層がいて、勤労性所得を得ているサラリーマンの高額所得者よりはるかに高い収入を得ているにもかかわらず、近年の増税は給与所得者が狙い撃ちにされています。

＊2　所得税法が定める課税最低限の額が最低生活費としては少ない（憲法25条が保障する生存権を侵害する）という主張が納税者からなされた裁判で、裁判所はどのような額を課税最低限として所得控除等の対象にするかについては、立法裁量の問題であるとして、「著しく合理性を欠き明らかに裁量の逸脱・濫用と見ざるをえないゆえん」が必要であるとして、この主張は排斥されています（最高裁平成元年2月7日第三小法廷判決・訟月35巻6号1029頁）。

だれにでも必要な最低生活費がいくらであるかについても、もちろん議論がなされるべきだと思います。[★2] いずれにせよ、その金額は人（その人の収入）により異なるものではなく、一律に所得控除の対象にされるべきではないでしょうか。

本書が扱ってきた所得税1つをとっても、税制には、このように理論と政策との間で矛盾が生じたり、理想（公平）と現実（不公平感）との間でせめぎ合いが起きたりするものです。

所得税制は今後大きな改革がなされるべきであるといわれています。本書で説明してきた、課税単位、所得区分、所得控除など、現行法のあり方が決して絶対的ではないことは、比較法的にも歴史的にも明らかです。

どのような制度設計がよいのか、読者のみなさんも本書で得た「所得税法」の基本をもとに、考えてみていただければと思います。

「税法はむずかしい」「税制は複雑」と思われていたかもしれませんし、これまでは「増税反対。減税賛成」という感覚をもたれていたかもしれません。

しかし、所得税法をみるだけでも、税法（税制）は1つひとつ丁寧にみれば理解できないものではありません。また、理解できないほど複雑でもない一方で、「減税しさえすればよい」という単純なものでもない、ということがわかったのではないかと思います（もちろん、考え方や受け止め方は、1人ひとり違って当然ですが）。

INCOME TAX LAW 5

教養として「考える力」を身につけるために

本書は一般書ですが、私たちにとって身近な税金である所得税のルールを定めた「所得税法」について詳述しました。

納税者の担税力に配慮して緻密につくられた所得税法を安易に単純化し、あいまいにしながら、わかりやすそうに伝えることは、あえて避けました。そして、そのルールを定めた法令を正確に示しながら、その規定の解釈が争われた判例もひも解き、丁寧に解説する方式を採りました。一読では理解できなかったところもあったかもしれません。**しかし、情報過多の時代に、なんでも単純化すればよいという時代は終わりを迎えつつあると思います。**

教養として「考える力」を身につけるためにも、主権者として税法を身近に感じていただき、本書をきっかけに所得税のことを深く学んでみようという気持ちが、もし読者の方に少しでもわき起こったのであれば、著者として嬉しく思います。

ま行

や行

ら行

な行

は行

た行

さ行

索　引

参考文献

注釈で個々の出典を挙げていますが、本書の作成にあたり特に参考にさせていただいた文献は、以下の通りです。

《書籍》

- 石村耕治『アメリカ連邦所得課税法の展開』(財経詳報社、2017 年)
- 金子宏『課税単位及び譲渡所得の研究』(有斐閣、1996 年)
- 金子宏『所得概念の研究』(有斐閣、1995 年)
- 金子宏『租税法〔第 22 版〕』(弘文堂、2017 年)
- 金子宏『租税法理論の形成と解明　上巻・下巻』(有斐閣、2010 年)
- 川田剛『ケースブック 海外重要租税判例〔新版〕』(財経詳報社、2016 年)
- 木山泰嗣『教養としての「税法」入門』(日本実業出版社、2017 年)
- 木山泰嗣『超入門 コンパクト租税法』(中央経済社、2015 年)
- 木山泰嗣『分かりやすい「所得税法」の授業』(光文社新書、2014 年)
- 酒井克彦『所得税法の論点研究』(財経詳報社、2011 年)
- 佐藤英明『スタンダード所得税法〔第 2 版補正版〕』(弘文堂、2018 年)
- 谷口勢津夫『税法基本講義〔第 5 版〕』(弘文堂、2016 年)
- 谷口勢津夫＝一高龍司＝野一色直人＝木山泰嗣『基礎から学べる租税法』(弘文堂、2017 年)
- 注解所得税法研究会『注解所得税法〔五訂版〕』(大蔵財務協会、2011 年)
- 飛田茂雄『アメリカ合衆国憲法を英文で読む』(中公新書、1998 年)
- 中里実＝弘中聡浩＝渕圭吾＝伊藤剛志＝吉村政穂編『租税法概説〔第 2 版〕』(有斐閣、2015 年)
- 土生芳人『イギリス資本主義の発展と租税』(東京大学出版会、1971 年)
- 樋口範雄『アメリカ憲法』(弘文堂、2011 年)
- 増井良啓『租税法入門〔第 2 版〕』(有斐閣、2018 年)
- 三木義一編著『よくわかる税法入門〔第 12 版〕』(有斐閣、2018 年)
- 水野忠恒『大系租税法〔第 2 版〕』(中央経済社、2018 年)
- 宮本憲一＝鶴田廣巳編著『所得税の理論と思想』(税務経理協会、2001 年)
- 諸富徹『私たちはなぜ税金を納めるのか』(新潮社、2013 年)
- 矢内一好『英国税務会計史』(中央大学出版部、2014 年)
- 矢内一好『現代米国税務会計史』(中央大学出版部、2012 年)

《論文》

- 磯部喜久男「創設所得税法概説－明治 20 年の所得税法誕生物語－」税大論叢 30 号 (1998 年) 153 頁
- 井上一郎「安井・今村・鍋島による明治 20 年所得税法逐条解説」税大論叢 23 号 (1993 年) 507 頁
- 山本洋＝織井喜義「創成期の所得税制叢考」税大論叢 20 号 (1990 年) 1 頁

木山泰嗣（きやま　ひろつぐ）
1974年横浜生まれ。青山学院大学法学部教授（税法）。上智大学法学部法律学科を卒業後、2001年に旧司法試験に合格し、2003年に弁護士登録（第二東京弁護士会）。その後、ストック・オプション訴訟などの大型案件を中心に、弁護士として、税務訴訟・税務に関する法律問題を取り扱ってきた（鳥飼総合法律事務所。2015年4月から客員）。2015年4月から現職（2016年4月から、同大学大学院法学研究科ビジネス法務専攻主任・税法務プログラム主任）。『税務訴訟の法律実務』（弘文堂）で、第34回日税研究賞「奨励賞」を受賞。大学のゼミ、大学院の判例演習、両者におけるディベート大会の主催・指導等を通じて、条文解釈を中心にした税法教育を行っている。

著書に、『教養としての「税法」入門』（日本実業出版社）、『小説で読む民事訴訟法』（法学書院）、『分かりやすい「所得税法」の授業』（光文社新書）、『反論する技術』（ディスカヴァー・トゥエンティワン）、『法律に強い税理士になる』（大蔵財務協会）、『超入門　コンパクト租税法』（中央経済社）などがあり、単著の合計は本書で52冊。「むずかしいことを、わかりやすく」そして「あきらめないこと」がモットー。
Twitter：kiyamahirotsugu

教養《きょうよう》としての「所得税法《しょとくぜいほう》」入門《にゅうもん》

2018年 9月1日　初版発行
2019年 6月1日　第2刷発行

著　者　木山泰嗣
発行者　吉田啓二

発行所　株式会社日本実業出版社　東京都新宿区市谷本村町3-29 〒162-0845
大阪市北区西天満6-8-1 〒530-0047
編集部 ☎03-3268-5651
営業部 ☎03-3268-5161　振　替　00170-1-25349
https://www.njg.co.jp/

印刷／堀内印刷　製本／共栄社

この本の内容についてのお問合せは、書面かFAX（03-3268-0832）にてお願い致します。
落丁・乱丁本は、送料小社負担にて、お取り替え致します。

ISBN 978-4-534-05614-6 Printed in JAPAN